中国式礼仪

雷子◎编著

1

天津出版传媒集团
天津人民美术出版社

不学礼，无以立。——《论语·季氏》

孝弟也者，其为仁之本与。——《论语·学而》

见贤思齐焉，见不贤而内自省也。——《论语·里仁》

知之为知之，不知为不知，是知也。——《论语·为政》

老吾老，以及人之老；幼吾幼，以及人之幼。——《孟子》

父母在，不远游，游必有方。——《论语·里仁》

前言

“中国有礼仪之大，故称夏；有服章之美，谓之华”。我们华夏民族自古被人盛誉为“衣冠上国、礼仪之邦”。

说到礼仪，很多人认为，不就是礼貌、修养和待人接物的一套方法吗！此言差矣！中国著名史学大师钱宾四先生说：“中国文化的核心是礼。西方文化中没有‘礼’的概念，也不是西方社会所表达的礼貌、修养的同义词。所以，不了解中国传统礼仪及精神，就不能把握中国文化之精髓，何谈复兴中国文化？”此论极具洞见，发人深思，这是钱先生在研究中国文化与历史近八十年后的精辟总结。

是的，西方人是靠宗教和法律来管理社会的，而中国人自古以礼治天下。从上古“礼巫时代”，到周公“制礼作乐”，再到孔子的“由仁入礼”，再到荀子的“礼法兼治”，再到朱子的“礼约自治”，中华礼仪史可谓源远流长。无论是《周礼》为国家建制，还是《仪礼》为民众行为规范，还是《礼记》为“五礼”精神内涵进行解读，以及《家范》《家礼》等礼学典籍为社会自治的普及，都高度凝聚了中华民族在历史长河中不断奋进、克己复礼的文明史。

孔子是中国文化集大成者，其学说以“仁”为核心。他说：“克己复礼为仁”“人而不仁如礼何？人而不仁如乐何？”是啊！只有约束自身使言行符合礼，才是仁啊！可是，一个人如果没有仁爱之心，如何施行礼呢？一个人如果

没有仁爱之心，如何施行乐呢？这就是孔子“仁本礼用”的思想。清代教育家颜元又说：“国尚礼则国昌，家尚礼则家大，身有礼则身修，心有礼则心泰。”这句话高度概括了礼仪的作用，礼仪能养心，能修身，能齐家，能治国平天下，小则反映一个人的处事风格和素质修养，中则反映一个家庭的有序治理，大则反映一个国家的文明程度。这就是中国式礼仪精神，也是中国历史长河中，一代代社会精英坚持提倡“礼法兼治”的重要依据。中国式礼仪，不仅可以规范个人及社会行为，达到万物有序、自然和谐，还可以作为中国人的道德法则，体现了中国人对仁义、礼让、慈悲及天人合一的文化精神追求。

《中国式礼仪》就是这样一本中华礼仪文化的普及读物。它贯穿人的一生，包括人生礼仪的方方面面，小到个人的仪容礼、饮食礼、入学礼、读书写字礼、迎宾待客礼、访友做客礼、馈赠礼、座位礼、饮茶礼、敬酒礼、寿诞礼、谦称礼、敬称礼、电话礼等，大到诞生礼、成人礼、婚礼、丧礼、祭礼，以及军礼、射礼、节日礼俗等。它内容丰富，条理清晰，通俗易懂，意义深刻。

中国礼仪博大精深、源远流长，本书遵循“取其精华，与时俱进”的原则，挖掘礼仪文化中蕴含的仁爱、和谐、有序的价值观念，与友善、文明、平等、法治等社会主义核心价值观相结合，融入当今社会的核心价值，既有深厚的文化性，也有鲜明的时代性。

民族自信，源于文化自信。《中国式礼仪》在新时代一定深受中国人的喜爱，并随着中国的崛起而传播到世界各地，从而有利于再塑“礼仪之邦”，再造自治精神，再创中国辉煌。

雷子于北京天通苑

2021 年 6 月 10 日

家教学校礼

仪容礼

仪表堂堂

饮食礼

吃有吃相

家庭日常礼

言行得体

入学典礼

尊师重道

读书写字礼

恭敬专注

学校日常礼

尊师爱友

仪容礼

仪表堂堂

仪容礼

《礼记》中有句话说『礼义之始，在于正容体，齐颜色，顺辞令』，可见仪容在人际交往中是十分重要的。在我们与尊长或朋友交往时，虽然『第一印象』并非总是正确，但却是最鲜明、最牢固的，并且决定着我们以后交往的过程。一个仪表堂堂的孩子见尊长时，一定是步履稳重、手不乱动、目光端正、声调温和、昂首挺胸、神色庄重、衣帽整洁的。而我们平时只有如此要求自己，才不失礼仪之道。

双手不乱动

朋友们，当我们在路上遇见尊长时，是双手交叉放在背后相见呢，还是恭敬地上前问候致礼呢？《礼记·玉藻》要求我们与尊长相处时，要“手容恭”，就是说我们双手举止要端庄，不要乱指乱动，要有恰当的姿势。而不同的礼节，双手都有相应的位置，比如路遇尊长时，要恭敬地上前行礼问候，此时双手应叠放在身体前侧，双腿并立；如果接受别人礼物时，就要双手接过来；如果对方是捧着递送，我们就要双手与心齐平的位置捧接礼物。切记：双手乱动给人轻佻的感觉，而把双手放在背后则显得傲慢，这都是违背礼仪的。

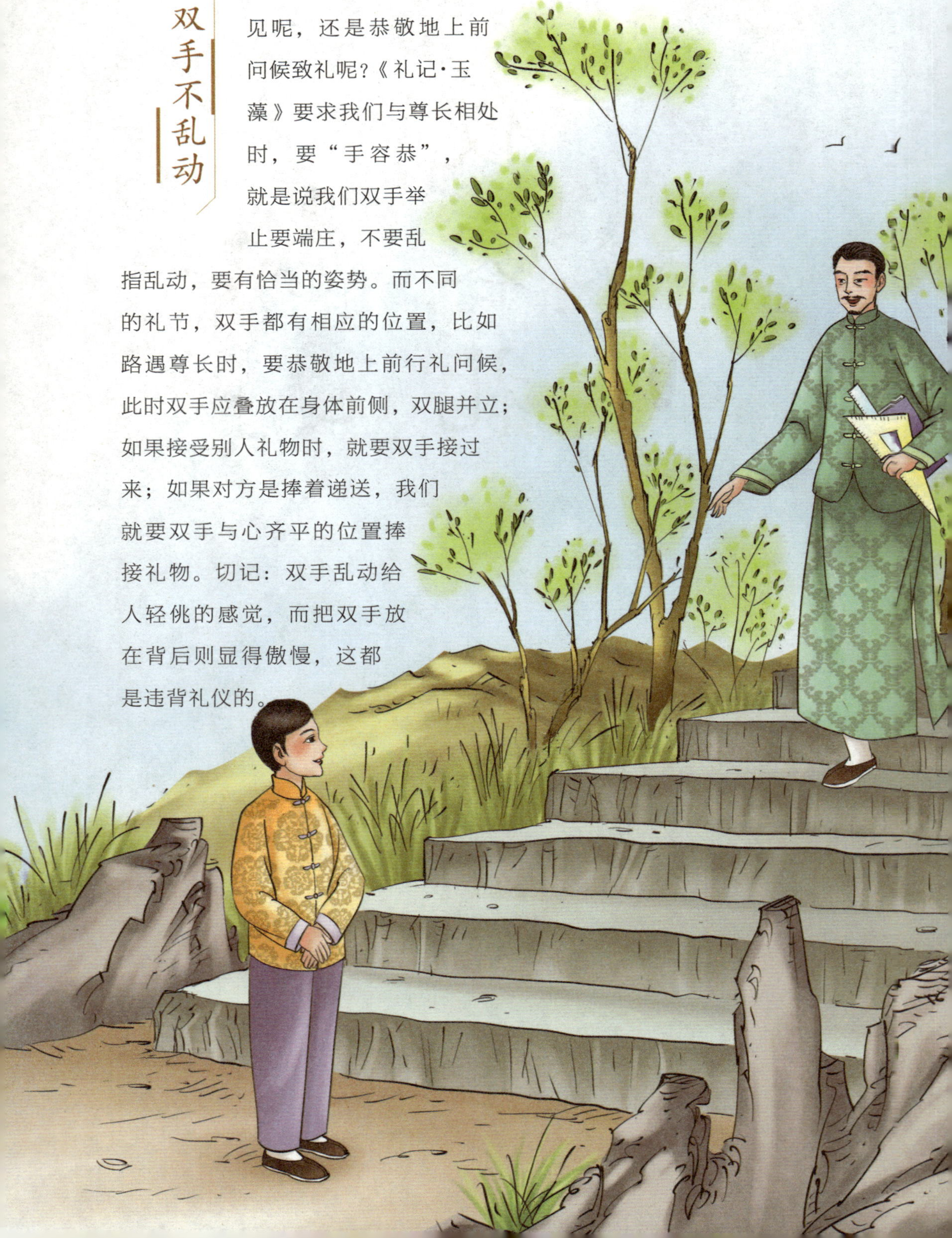

举足不轻浮

在尊长面前走路时，我们是一蹦三跳，还是端庄、沉稳呢？《礼记·玉藻》要求我们与尊长相处时，要“足容重”，就是说走路时步履要稳健，不可蹦跳不定。《礼记·曲礼下》中也提到“行不举足，车轮曳（yè）踵”，就是说行走的时候，不要把脚抬得太高，要像车轮贴着地面那样，用脚跟着地往前走，这样才能显示出人的沉稳气质，也是对人对事恭敬的具体体现。

头颅要端正

头部的姿态能反映我们的信仰、意志及精神面貌。当我们路遇尊长时，我们头部的姿态怎么摆放才算合礼呢？《礼记·玉藻》要求我们与尊长或贵宾相处时，要“头容直”，就是头颅要端正，不要东摇西晃。头直则心正意诚。反之，摇头晃脑则显得轻佻浮躁。因此，我们在见到尊长或贵宾时，不仅内心要恭敬，头部也要端正，胸部要挺直，此为形神兼备，内外双修。

坐姿要挺直

亲爱的朋友，你听说过“坐如尸”这句话吗？“尸”是古代祭祀时代表死者受祭的人。这是《礼记·玉藻》中的一句话，是说与尊长相处时，坐姿要端庄大方，恭敬谨慎。《童子礼》也指出：凡是坐，上身要保持正直，合双手，收敛双脚，以示敬意。身体不可东倒西歪、前俯后仰或倚靠物品，这种身姿不仅不美观，并且影响身体的发育，长久以后，容易出现颈椎、腰椎等方面的疾病。此外，如果与别人同坐时，不要横臂张腿箕坐，不要跷腿抖腿，不要将腿伸到别人腿脚处。这些都是违背礼仪的。古人说：“天下大事必作于细，天下难事必作于易。”我们要想成为知书达礼的人，一定要从一举一动的小事做起。

坐姿要挺直

目光不斜视

俗话说："眼睛是心灵的窗户。"它不仅给我们带来了明亮的世界，还是我们表达情感的窗口。当我们面对尊长时，我们应该怎样目视对方呢？《礼记·玉藻》要求我们与尊长相处时，要"目容端"，意思是目光要平稳、端正地注视对方，视线从容，不要斜视，以表示对长辈的尊敬。千万不要让眼神飘来飘去，或死盯着对方看，这是不礼貌的。《礼记·曲礼下》也指出，看人时，如果视线高于对方的面部，就像是在看天，会显得目中无人；如果视线低于对方的腰带，会显得过于自卑；如果眼睛左顾右盼，目光游移不定，则又显得心术不正。这些行为都是违背礼仪的。

孟子休妻

孟子的妻子独自一人在屋里，就伸开两腿叉坐着。孟子推门进屋，看见妻子这个样子，非常生气，就向母亲说："这个妇人不讲礼仪，请准许我把她休了。"孟母说："是什么原因啊？"孟子说："她伸开两腿叉坐着。"孟母问："你是怎么知道的？"孟子说："我刚才进屋亲眼看见。"孟母说："这就是你的不对了。《礼记》上不是这样说吗？将要进大门时，要先问屋中有人没有；将要进入厅堂时，必须先高声传扬，让屋里面的人有所准备；将进屋时，眼睛要往下看。就是为了让人有准备。可是，你现在到妻子休息的地方去，进屋也不先扬声，因而让你看到了她两腿伸开叉坐的样子。你说，这是你不讲礼仪，还是你妻子不讲礼仪啊？"孟子无言以对，连忙承认自己的过错，再也不敢说休妻的事了。

站姿要恭敬

《礼记·玉藻》要求我们见尊长时要"立容德"，就是说站立时要端正，上身微向前倾，就像从别人手中接受器物那样，神态毕恭毕敬，小心谨慎，这就是恭立。《童子礼》又指出：凡是站立，理应双手交握在胸前，如拱形，身体正直，两脚并拢，这就是正立，是平辈之间交往时的站姿。今天的正立姿势与《童子礼》中的要求基本相同，即身体正直，双腿直立，女子双腿并拢，男子双腿与肩同宽或并拢。唯独手的姿势有变化，将双手抱鼓交握在胸前的姿势，演变成双手叠放腹前，男子左手在前，女子右手在前。如果身体离墙壁很近，即使感到疲倦，也不可以倚靠。

口不要乱动

《礼记·玉藻》要求我们见到尊长时，要“口容止”。“口容止”是告诫我们在正式场合，口不可妄动，尽量保持端庄、静止状态。比如与人交谈、听课或接受嘉奖等严肃、庄重的场合，要做到不撇嘴、不歪口、不嚼口香糖、不边吃零食边听人讲话，“口”保持静止，是内心恭敬的体现。同时，需要我们说话时，也应该做到要言不烦、言简意赅，不要乱开口，不要东拉西扯、没完没了，既要保持“口容止”，也要讲究说话的内容和时机，避免言不切义、废话连篇。

声调要温和

在公共场所，我们经常会看到一些提示牌，如“请勿喧哗，保持安静”“安静是无声的美”等。《礼记·玉藻》上说，要“声容静”，就是在一些公共场合，要保持安静。如在剧场、影院、音乐厅、图书馆等场合，要做到“声容静”。如果需要说话时，音调也要温和平缓，尽量轻声细语，不要大声喧哗。因为大声说话会打扰别人，破坏清静的环境。此外，平日和父母长辈说话时，也要做到轻声细语，和颜悦色。当然，如果是耳背的老人，声音又不能太小了，以防对方听不清楚。“言由心生，心由言修”，心中时刻存着恭敬、尊重及感恩，才能做到语言温和，和颜悦色。

睡姿要优雅

古人有“卧如弓”的礼仪。就是说睡卧时将躯体右侧，微曲双腿，弯成“弓”形。这样的睡姿不仅文雅优美，也有利于健康。因为这种睡姿使心脏处于高位，不受压迫；肝脏处于低位，供血通畅，有利新陈代谢。让全身处于放松状态，呼吸更匀和，睡眠更安稳。而仰卧看似全身放松，但腹腔内压力较高时容易发生憋闷现象，且睡姿不太雅观。俯卧时影响呼吸，可使心脏受压，不利于健康，且容易产生口水并流到被子上。枕着胳膊睡会使双臂产生麻木、血液受阻，影响睡眠。所以《童蒙须知》上又说，睡觉时头枕枕头，不要蒙头睡。这些提醒不仅是礼仪规范，更是为了身体着想，让睡眠更香。

呼吸均匀无声

平时与尊长交往，尤其是与尊长谈话时，要保持呼吸平静、悄无声息，切忌唉声叹气，否则就会失礼。《礼记·玉藻》要求与尊长相处时，要“气容肃”，就是说呼吸要均匀，不要大口喘气，也不要发出怪声。所谓气畅则神定，神定则气爽。否则，就会影响自身气质和形象，还会辜负长辈的一片好意，更是违背礼仪的行为！

晨起洗漱干净

《童子礼》上说，早晨起来后，要立即洗面梳头，以修饰仪容。脸要洁净，手要洁净，指甲要洁净，牙齿要洁净，耳鼻孔要洁净，要使头发整洁，不要散乱，身体要洁净，无异味。每天洗漱时，都要严格检查以上内容，仪容整洁才能出门上学、访友、出游等，这是基本的仪容礼。此外，餐前、便后要洗手。晚上休息前也要洗手、洗脸、洗足、洗澡、刷牙等，这样既让身体舒服解乏，又干净卫生。

晨起洗漱干净

面色要庄重

人的面部表情是人内心情感的外在表露，体现了人的内在德性。《礼记·玉藻》要求我们见到尊长或贵宾时，要“色容庄”，就是说神色要庄重稳健，温和恭敬，不傲不慢，不能面带倦色，面带倦色有懈怠之意；不能嬉皮笑脸，嬉皮笑脸有轻佻之嫌。这都是违背礼仪的。此外，面由心生，在不同场合，应有不同的表情，如参加丧事，必有哀痛的表情；如参加喜事，必有喜悦的表情。

穿戴符合身份

古人认为，外表的穿戴要与内在的德性相称，要与内在的情感一致。所以《弟子规》说：“衣贵洁，不贵华；上循分，下称家。”意思是说，穿衣服贵在整洁，不在华丽；有职位的人穿着要符合身份，平常的人穿着要符合自己的家境，这就叫作“得体”。如教师总是穿一些奇形怪状的衣服并浓妆艳抹，就会对学生产生负面影响，是不得体的；如家境一般的人，却处处讲求名牌、华丽，就会让家庭陷入经济困境，也是不得体的；再如参加葬礼，却身着鲜艳的服装，就与庄严肃穆的环境及内在的情感不相符，也是违背礼仪的。

要爱护衣装

衣装不仅是人体的修饰，更是文明的重要标志，穿着不同会给人以庄重与轻佻、美丽与丑陋、高贵与庸俗等鲜明印象及差别。所以礼书上不仅提示我们穿着要得体，还要精心爱护衣装。《童子礼》说，洗脸时，用毛巾把衣领遮住，把袖子卷起来，不要把衣服弄湿了。衣服要整洁，在外行走或做事时，不要把衣服弄脏、弄破了。衣服脏污了，要及时洗净。回家后，脱下的衣服要归纳整理，不要乱丢乱放。这看似平常的小事，却是修身的要点。对人当尊重，对物也应珍惜，千万不能太随便了。爱护衣装，不仅是礼仪的基本内容，也是敬物、惜物精神的具体表现。

仪容整洁精神

《童蒙须知》指出，容貌仪表要端正整洁。从帽子、头巾到衣服鞋袜，要保持干净整洁。要做到“三紧”：头紧，帽子、头巾要戴正扎紧；腰紧，腰带要束紧；脚紧，鞋带要系紧。三者都扎紧了，人的精神状态良好，才能表现出对人、对事的郑重。如果衣衫不整，“三带”即帽带、腰带、鞋带，松松垮垮，就显得懒散、漫不经心，既不尊重自己，也不尊重别人，是违背礼仪的。现在很多人不戴帽子、头巾，但头发一定要梳理整齐。

休息时换睡衣

亲爱的朋友，当你回家后，是否穿着外装就直接进入内室，甚至上床钻进了被窝，美美地睡上一觉呢？如果有这种行为，是很不卫生的，会把外边的病菌带到内室的。同时，还人为地减损了衣物的寿命。《童蒙须知》上就教我们，外出时穿的服装，要根据场合的要求恰当选择，回到家中要换上家居服，晚上休息时换睡衣。此外，如果有客人来访，一定不能穿睡衣接待！这是对人不敬，是违背礼仪的。

饮食礼

吃有吃相

吃饭前，是否先请家中长辈入座，并先给长辈盛饭呢？在长辈未动碗筷之前，是否可以独自先吃呢？吃饭时，是否可以抢占自己喜欢吃的饭菜呢？吃饭时，可以发出很大的声响吗？……礼仪的培养，要从日常细微处做起。而吃饭，不仅是要填饱肚子而已，更是体现一种文化，是培养良好礼仪教养的开始。正如《礼记·礼运》所说：“夫礼之初，始诸饮食。”所以，吃相不仅要雅观，不能抢着吃，更要懂得尊老让幼，请别人先吃。懂得尊敬与谦让，是良好教养的基础。

请长辈先入座

亲爱的朋友，在你放学回家后，是否已经饿得肚子咕咕叫呢？当你看到满桌子美味佳肴，馋得口水都流出来了吧？这时，你是否先独自坐在餐桌前大吃大喝起来了呢？《弟子规》上讲：“或饮食，或坐走；长者先，幼者后。”爷爷奶奶或外公外婆、爸爸妈妈还没入座，我们怎么能先独自吃起来呢？所以，无论是在家里吃饭，还是和别人一起吃饭，都要等到饭菜全部上桌，大家都坐下后，再一起用餐。另外，一定请爷爷奶奶或外公外婆、爸爸妈妈先入座，并请他们先动筷子，自己再动筷子。如果能再为长辈盛饭，更说明你是一位有孝心、知礼仪的人了。

给父母双手端饭

“父兮生我，母兮鞠我。抚我畜我，长我育我，顾我复我，出入腹我。欲报之德。昊天罔极！”这是《诗经》上的诗句，是对父母恩情的深刻表达。可是，我们怎样报答父母的恩情呢？从日常点点滴滴小事上做起。所以《童子礼》上说：在给父母长辈端饭时，要先将桌子

岁末到家

清·蒋士铨

爱子心无尽，
归家喜及辰。
寒衣针线密，
家信墨痕新。
见面怜清瘦，
呼儿问苦辛。
低徊愧人子，
不敢叹风尘。

擦干净，然后用双手恭敬地把饭菜放到他们的面前。另外，如果是父母给我们盛饭时，一定要站起来双手接，并说“谢谢”。这些都是尊敬长辈、孝敬父母的实际行为，也是做儿女的基本礼仪。

留意父母爱吃的

《童子礼》上说：用餐时，看到父母长辈喜欢吃哪道菜时，要自觉地将那道菜移到离他们较近的地方，以方便他们夹菜，这也是孝敬父母长辈的具体行为。同时，《礼记·曲礼上》说“毋固获”，就是说遇到自己喜欢吃的饭菜，如果把盘子据为己有独自吃，而不顾父母和其他人是否爱吃，是自私的表现，与礼仪不合。也有家长会说，现在生活富裕了，也不缺吃的喝的，孩子爱吃就让他吃吧。这种想法对吗？《诗经》上说，黄鼠还有体，人却不知礼仪。人不知礼仪，与动物有何差异？还不如快快死去！何况，富而教之，富而知礼。正因为生活富裕了，才更应该教孩子从小知道礼让，懂得体贴别人的感受，否则容易让孩子养成处处以自己为中心的习惯。

三国时，有一个人叫陆绩。在他6岁时，曾跟随父亲陆康到九江去拜见袁术。袁术让人拿出橘子招待他们。陆绩临行时往怀里藏了两个橘子，不料却滚落在地上。袁术正好看到，就笑着问他："陆郎来我家做客，走的时候还要怀藏主人的橘子吗？"陆绩惭愧地回答道："对不起先生，因为我母亲喜欢吃橘子，所以我想拿回去两个让母亲也尝尝。"袁术见他小小年纪就懂得想着母亲，不但没有责怪他，还另外赠送他一袋橘子，来满足他的孝心。

菜饭不可回放

《礼记·曲礼上》说“毋放饭”“毋反鱼肉”，就是说用餐时，不能把剩下的饭菜、咬过的鱼肉等再放回公盘、公碗里。让别人吃自己咬过或剩下的饭菜，既不卫生，也是对别人的不尊重，是不符合礼仪的。此外，夹菜时，要在面对自己的公盘边侧夹菜，再放入自己的餐盘内慢慢地吃，夹菜或盛饭时要少一点，尽量不要剩。如果剩余，也留在自己的餐碟或碗中。还有，吃过的骨头、鱼刺、菜渣等不能直接吐在餐桌上，要放在自己的餐盘内侧；如果想咳嗽、打喷嚏或吐痰，一定要转身掩口，并用餐巾纸擦干净后说“对不起”或“抱歉”，这都是用餐的基本礼仪。

不要满嘴流汤水

《礼记·曲礼上》说“毋流歠（chuò）”，就是说进餐喝汤时，要小口慢喝，不要大口吞咽，使汤水从口角流下来，弄得满嘴、满身都是。喝汤时先用大汤勺从汤盆中盛到汤碗里，再用小汤勺盛起慢慢地喝。不要捧着碗直接喝，这样容易弄得满嘴及满身都是。这种吃相，既会破坏美好的就餐环境，还会让人感觉没有修养，简直是在抢吃抢喝，是不文雅的。

不要发出怪声

《礼记·曲礼上》要求人在喝汤喝粥时，不要让口中发出“呼噜呼噜”的声音；在吃菜吃饭时，不要发出“吧唧吧唧”的声音；在啃骨头时，不要发出“呱唧呱唧”等响声，这些吃相都是不文雅的。此外，在等待上菜的过程中，有的小朋友爱用筷子敲打碗盘，发出“叮叮当当”的声音，这也是违背礼仪的。

含着饭菜不说话

《论语·乡党》上说："食不语，寝不言。"就是说吃饭的时候不要言语，睡觉的时候不要说话。现代人把一起吃饭作为人际交往、情感交流的重要手段，所以吃饭时不说话，可能不太现实。但一定要注意基本礼仪及细节：口中含着饭菜时不要说话。如需说话也要等自己及对方口中食物嚼咽后再说，以防把饭菜粒喷到饭桌上，甚至溅到别人的脸上。这种行为既不卫生，也不雅观，更是严重违背礼仪的。另外，如在餐厅吃饭喝酒时，不要高声喧哗，避免影响别人；呼唤服务员、催饭菜时，要温声细语，避免语言粗暴、大声喊叫，这是做人的基本修养。

进餐时不要扬饭

《礼记·曲礼上》说：进餐时"毋扬饭"，就是说用餐时，为了着急喝粥或汤，就用汤勺去扬起汤饭的热气，使其快速凉下来。这样做容易将汤饭溅到别人身上，也会让共同进餐的人感到尴尬，有着急吃饭之嫌。如果是做客时，会让主人感觉准备不周。还有人为了让汤饭凉下来，或用筷子快速搅动，或用嘴去吹，这种行为都是不文雅的，是不符合礼仪的。亲爱的朋友们，你有这样的行为吗？

不要争抢食物

《童蒙须知》上说："凡饮食之物，勿争较多少美恶。"特别是与兄弟姐妹相处时，不要为饮食多少或美恶，发生争抢的行为，这是很失礼的事情。《朱子家训》上说，为人兄或为人姐，对待弟弟或妹妹要宽厚谦让；为人弟或为人妹，对待哥哥或姐姐要恭敬礼让。兄弟姐妹之间的悌爱礼让之心，就是从饮食这种小事上开始培养的。如果这种小事情都不能做到，甚至发生争执抢夺、大打出手等行为，以后在良田、华屋等财产分配或名位、荣誉等来临时，能和睦相处吗？如果对自己的兄弟姐妹都不能辞让，以后能对同学、朋友、同事及社会民众礼让吗？这就是古人所说的“贪心不可纵，首严在饮食”的深刻道理。所以《论语》上又说：“君子务本，本立而道生。孝弟也者，其为仁之本与！”

孔融让梨

《三字经》上说：“融四岁，能让梨；弟于长，宜先知。”说的是汉代孔融小时候的故事。

有一天，孔融的爸爸买了一筐梨，放在餐桌上让孩子们吃。你猜，小孔融是怎么做的呢？他不挑好的，也不拣大的，只拿了一个最小的梨。孔融的爸爸看见了，就好奇地问孔融：“这么多的梨，又让你先拿，你为什么只拿一个最小的呢？”

孔融回答说：“我年龄小，应该拿最小的，大的让给哥哥们吃。”爸爸不解地说：“可是，你还有弟弟呢，弟弟不是比你还要小吗？”孔融接着说：“弟弟虽然比我小，但我作为哥哥，应该把大的留给弟弟吃。”

爸爸听了孔融的话，哈哈大笑说：“好孩子，好孩子，没想到你一个四岁的孩子，竟然这么懂事，还知道礼让哥哥弟弟呢。”

不要狼吞虎咽

《礼记·曲礼上》说“毋嘬（chuài）炙”，就是说大块的烤肉和烤肉串，不要一口吃下去，如此塞满口腔，不及细嚼，狼吞虎咽，仪态不文雅。无论吃肉还是吃菜，都不要狼吞虎咽，更不要上一口还没有嚼完咽下，下一口又放入口中，一口接着一口，满嘴吞嚼的样子，甚至腮帮子都鼓起来。要缓缓地举筷子，慢慢地夹菜，闭嘴，细嚼慢咽，不发出大的声音，动作要舒缓文雅，这是用餐的基本礼仪。

不在公盘中翻搅

《童子礼》要求夹菜时，要缓慢沉着，不要急迫匆忙，更不能用自己的筷子在公盘里翻搅。这种行为既不卫生，也不尊重别人。有的人在翻搅菜肴时，还张大嘴巴，伸长脖子，甚至伸出舌头去接要夹的菜，这种吃相都是不雅观的。此外，在就餐时，不合饮食卫生的话题不要说，这样会破坏就餐环境，影响别人的食欲，是违背用餐礼仪的。

与餐桌保持适当距离

《礼记》中说："食坐尽前。"古人席地而坐，吃饭时要跪在席子前端，以免弄脏了席子。后世餐饮用具改变了，坐姿也发生了变化。所以《童子礼》要求人在就餐时，要挺身端坐，与餐桌保持一拳左右的距离，不要离餐桌太远或太近，以防弄脏了餐桌或衣服。此外，还要提醒小朋友们，不要趴在桌子上吃饭哦！这种姿势既不文雅，还会给人留下抢着吃饭的感觉。

安放碗筷要谨慎

亲爱的朋友，在就餐吃饭时，你是否因不小心把碗筷碰到地上，将碗打碎、饭菜扣了一地呢？这是多么尴尬的事啊！所以《童子礼》上说，安放碗筷时，要格外小心谨慎，千万别使其坠地。特别是有客人时，碗筷掉地会破坏欢快祥和的气氛，如果热菜热饭再洒到客人身上，将干净整洁的衣服弄脏，甚至烫伤客人，是多么不敬和无礼的事情啊。

碗中不留剩饭

《悯农》中写道："锄禾日当午，汗滴禾下土。谁知盘中餐，粒粒皆辛苦。"我们吃的每一粒粮食，都是农民伯伯用辛勤劳动换来的。所以，即使在物质丰富的今天，我们也不能浪费粮食。《常礼举要》上也说"碗中不留饭粒"，盛的饭要吃完。如果饭量小，可以请主人盛少一点，千万不要浪费了。正所谓：“一粥一饭，当思来之不易；半丝半缕，恒念物力维艰。”无论贫富，节俭既是一种美德，也是对主人劳动成果的尊重，更是一种礼仪。

季文子的节俭

季文子，春秋时鲁国贵族，著名政治家。他虽然出身显赫，贵为国相，但他和家人始终生活节俭、朴素，就连他经常出国访问所乘坐的车马，也极其简单。

季文子有个部下叫仲孙，见他如此节俭，就劝季文子说：“听说您在家里粗茶淡饭，穿粗布之衣，不准家人穿绫罗绸缎，也不让用粮食喂马。这样做是否太寒酸了？与您国相的身份不符，也有损我们国家的体面吧？”

季文子听后淡然一笑，对仲孙郑重地说：“谁人不想吃美味佳肴、穿绫罗绸缎、乘名车宝马啊？但是，你看看我们国家的百姓，还有许多人吃了上顿没有下顿，衣着破烂不堪，房不避风，瓦不挡雨，正在受冻挨饿呢。作为国相，如果只顾自己享受荣华富贵，而看着百姓受苦，这是耻辱啊！与礼也不合。况且，据我所知，一个国家的体面与尊荣，是通过臣民的品行和节操表现出来的，怎么能以美食华服和良车宝马来评定呢？”

仲孙听了这番话后，羞愧得满脸通红，对季文子更加敬重。此后，他也效仿季文子，吃粗茶淡饭，穿粗布衣服，家里的马匹也只用杂草、谷糠来喂养。

饭后清理餐具

每次吃完饭，你是不是一声不响地离开餐桌，跑去看动画片或玩玩具了呢？对于餐桌上的一片狼藉你看到了吗？其实，作为儿女，我们应做一些力所能及的事情，如帮爸爸妈妈清理饭桌、收拾碗筷，甚至主动承担刷锅洗碗等家务，这不仅是作为子女应尽的孝心，也是作为家庭一员应尽的家庭责任，还是从小锻炼我们做事能力的机会！一屋不扫，何以扫天下？试想，一个连基本家务都不会做或做不好的人，又能有什么大成就呢？一个连自己家的家务都不愿承担的人，又能承担什么社会责任呢？如果是到别人家做客时，自己用过的碗筷、餐具等，更要主动帮助清理，这是对主人热情款待及辛苦劳作的肯定与答谢，也是最基本的做客礼仪。当然，如果你是主人时，当客人帮助收拾碗筷时，一定请客人不要劳动，引导客人在客厅小坐或喝茶，这也是待客之礼。

家庭日常礼

言行得体

家庭日常礼

在日常生活中，你是否有这样的行为？或歪头斜坐，或左顾右盼行走，或出家门不告诉父母，或说话大呼小叫，或说话虚诳无据，或居室凌乱不堪等，这些行为符合礼仪吗？古人说：『坐立有仪相，行走有姿态，言语有根据，居处有规矩。』日常生活中的一言一行，都反映了我们的外在形象、内在修养。居家时，举手投足都要谨慎，不可有傲慢之心；做事时，无论大事小事，都要有恭敬之心，不可怠慢，这样才符合礼仪！

游子吟

明·袁凯

游子行万里，
亲心亦如之。
陆行是虎豹，
水行有蛟螭。
盗贼凌寡弱，
风露乘寒饥。
谁云高堂安，
中有万险危。
寄言里中子，
亲在勿远离。

出入家门告诉父母

“可怜天下父母心”，无论我们长多大，在父母眼中，我们都是孩子。父母对我们的关心是无微不至的，对我们的牵挂和惦记更是时时刻刻。所以，无论我们出门游玩，还是回到家，都要先告诉父母一声，让他们安心。夜晚必归家休息，如果有特殊情况，一定要禀告父母。这是为人子女的基本礼仪，正如《礼记·曲礼上》所说：“夫为人子者，出必告，反必面。”此外，如果到朋友、亲戚家做客，走时也要告知，回家或到达目的地后要报平安。不声不响地离开或到达，是违背礼仪的。

时常向父母问安

《弟子规》上说：“冬则温，夏则清；晨则省，昏则定。”意思是说，为人子女，要对父母的身体健康及心情状况时时关心、处处留意。寒冬腊月天冷时，要想到父母的穿着、被盖是否温暖如意？夏天气温炎热时，父母白天工作、晚上休息是否凉爽安宁？早晨起来，要向父母请安问好；晚上回家后，可将自己在外的情形略告父母，使他们安心放心。这些虽是日常小事，但处处都表现出儿女的孝敬之心、知恩报恩之心。此外，如果在外地求学或工作，更要时时联系父母，一则让他们别太牵挂想念自己，二则了解他们的生活状况。这些都是做子女的基本礼仪。

父母呼唤立即到

相信不少人见过这样的场景：妈妈做熟了饭，对着儿女再三呼唤："宝贝儿，快点儿吃饭了！"可是，正在看电视的孩子像没听到似的，仍然一声不吭、一动不动地在那里坐着。这种行为符合礼仪吗？《童子礼》中教导我们：凡是父母长辈召唤我们时，应该随声响应，不可以迟缓，要快步走到尊长面前听候吩咐。如果我们坐着，要站起来立即过去；如果我们正在吃饭，要放下碗筷立即过去。不理不睬，一动不动，这是对别人的不尊重，更何况是对父母长辈呢？这是基本的礼仪常识。

对父母和颜悦色

子女孝敬双亲并不是要一脸严肃凝重，而是要和颜悦色。《礼记》中说：严肃而威重，端庄而恭敬，并非孝敬父母之道。又说，孝子有深爱父母之心，必有温和的气象；既有温和的气象，必然有愉悦的颜色；既有愉悦的颜色，则容仪一定会顺婉。这不是勉强去做，而是爱父母之心的自然流露。所以，对父母长辈经常板着面孔，不给父母好脸色，甚至因一点小事就怨恨父母，和父母大吵大闹是严重违背礼仪的。

彩衣娱亲

老莱子，春秋时期楚国的隐士，他非常孝顺父母，经常做美味佳食供奉双亲，想尽一切办法逗父母开心。一天，父母看到老莱子的头发都斑白了，儿子也70岁了，禁不住伤感起来。为了不让父母担忧，老莱子专门让人做了一套五彩斑斓的衣服，经常穿在身上，顾不得自己的高龄，手持拨浪鼓如小孩子般在父母面前调皮地戏耍，逗得父母眉开眼笑。看到父母脸上的笑容，老莱子才心满意足。

记住父母的生日

“慈母手中线，游子身上衣。临行密密缝，意恐迟迟归。谁言寸草心，报得三春晖。”天大地大，不如父母恩情大，我们用什么来报答他们的生养之恩呢？很多人知道自己的生日，能记住好朋友的生日，甚至为自己或朋友们开隆重的生日宴会；但往往忘记父母的年龄及生日，或者父母生日时，却没有任何祝福及具体表示，这样符合礼仪吗？《论语》上说：“父母之年，不可不知也。一则以喜，一则以惧。”就是说，父母的年纪，不可不知道并且常常记在心里。一方面为他们的长寿而高兴，一方面又为他们的衰老而恐惧。孝悌是仁爱之本。对于生养我们的父母，如果不能常怀感恩之心及具体的孝行，甚至连他们的年龄及生日都不知道，又怎么能称得上懂得礼仪呢？

彩衣娱亲

勉学诗

明·方孝孺

莫驱屋上乌，
乌有反哺诚。
莫烹池上雁，
雁行如弟兄。
流观飞走伦，
转见天地情。
人生处骨肉，
胡不心自平。
田家一聚散，
草木为枯荣。
我愿三春日，
垂光照紫荆。
同根而并蒂，
蔼蔼共生成。

不称父母长辈名字

中国人对称呼很讲究，特别是对尊长的称呼，是有很多礼仪的。《童蒙须知》上说：“凡称呼长上，不可以字。凡对父母长上朋友，必称名。”意思是说，凡称呼长辈时，不可以直呼其名或字，要按辈分或年龄称对方爷爷、奶奶、伯父、伯母等，这是尊敬的表现。对长辈、领导、朋友称自己时，一定要报名，不称自己的字。另外，如果称年纪相当的平辈，称字不称名，或尊称兄姐；如果年纪比自己小许多的人，可以称名；如果是上级领导则尊称职衔，如王部长、李经理等；如果称古人，尊称姓字或加先生，今人在正式场合也要尊称男子为先生、女子为女士。这都是最基本的称呼礼仪。切记：直呼父母尊长的名字，是非常无礼的行为。

长辈说话不打断

《童子礼》中说，长辈说话时，不要随意打断，要等长辈把话说完了再说自己的意思。不要随意插话，不要顾左右而言他。如果确实有急事，要表达歉意并说明情况。这是对人的基本尊重，何况是自己的长辈呢！同时，长辈问自己事情，要据实回答，不可胡言乱语、哄蒙欺骗。长辈有什么事情需要你去办理，则要答应马上去做，不要无故推诿、拒绝，或表现极不耐烦的样子。

精心服侍父母

如果父母生病了，你能细心照顾父母吗？在父母生病时，要及时回家完成相应的功课，别让他们再挂心自己。要守在父母身边，及时查看、询问父母有什么需求，想吃些什么、想用些什么等。其间，因为忧心父母的健康，不要再刻意打扮自己，不要高声说话或吵闹，不要大笑，不要和同学朋友们出去游玩，还要把无关紧要的事情都推掉，全身心地照顾父母。这才是为人子女应该做的事情，也是符合礼仪的。

黄香温席

汉朝时，江夏（今湖北境内）有个人叫黄香。黄香从小就很孝顺。在他九岁时，母亲因病去世了。小黄香非常悲伤。从此，他与父亲相依为命，对父亲更加关心与照顾。

古时的冬天，天气特别寒冷，老百姓家中又没有任何取暖设备。一天晚上，黄香读书时，感到异常的冷，他捧书的手一会儿就冻僵了。他想，这么冷的天，劳累一天的父亲，晚上怎么休息啊？为了能让父亲休息好，小黄香就悄悄帮父亲铺好被子，然后脱了衣服，赤身钻进冰凉的被窝。他用自己的体温将被窝暖热后，再请父亲休息。小黄香的孝心，将父亲感动得热泪盈眶、心如暖阳。黄香温席的故事，后来传到了京城，被人称为“天下无双，江夏黄香”。

不大摇大摆行走

亲爱的朋友，你在行走时有大摇大摆、趾高气扬的行为吗？大摇大摆、趾高气扬是傲慢的行为，这些都是违背礼仪的。《童子礼》上说：走路时，要上身端正，目视前方，两手于袖中，缓步徐行。迈步不要太大、走得不要太急，不要左右摇摆、晃动衣衫的裙摆，甩胳膊幅度不要太大，不要跳着走，不要左顾右盼地走，以防有差误。此外，走路时吹口哨、吸烟、嚼食物，边走边看手机等行为，都是不雅观的，也不符合礼仪。以上这些行为规范，不仅是为了形体仪容美，更是为了我们的安全着想。而安全教育，无论古今中外，都是应该掌握的基本知识。

不在道路中间行走

当我们和家人结伴而行，走在电梯、楼梯或狭窄的人行道时，是并排一起走，还是前后一排靠边走呢？当我们在影院、商场等门口等人时，是站在大门中间，还是站在大门旁侧等待呢？《礼记·曲礼上》讲到“立不中门，行不中道”，就是要求我们，不要站在大门中间，不要走在道路中间，以免妨碍其他人通过或超越。出入电梯时，不仅要做到按前后顺序、先下后上，还要注意安全，不在电梯中打闹、拥挤、逗留，甚至乱按电梯按钮等行为，以防发生意外。在车站、商场等公共场所乘坐滚动电梯时，要扶好、站稳，保证安全。《常礼举要》上又说：“车马繁杂冲区，不招呼敬礼。不立在路上久谈。”这样都会影响别人的。

排队上下公交车

在购买车票、电影票、公园门票，上下汽车、火车、飞机、轮船时，一定要按前后顺序排队，不可拥挤、插队。上车时，要先下后上。乘坐公交车时，按次序入座，不要抢座、占座，要记得给老幼病残孕及特殊人员让座。过马路时，要看红绿灯，不与汽车、摩托车等争道。当然，如果是汽车、摩托车驾驶者，更应该懂得礼让行人，因为在高速行驶的机动车面前，行人是多么弱小，而照顾并礼让弱者才真正体现一个人的修养。

轿车座次有讲究

当你和长辈一块儿乘轿车出行，通常你会坐在哪个位置呢？你会不会上车先找一个自己觉得舒服的位置坐下呢？按照中国的传统礼仪，乘车座次也是有讲究的。乘坐轿车大致有两种情况：一种是：长辈亲自驾，座位顺序由高到低依次是副驾驶座—后排右座—后排左座—后排中座。另一种是：专职司机驾车，座位顺序由高到低依次是后排右座—后排左座—后排中座—副驾驶座。作为晚辈，上车前选择一个适合自己的位置才是懂礼仪的表现。

说话要有诚信

《弟子规》上说："凡出言，信为先。诈与妄，奚可焉。"就是说，凡是讲话，我们要以信实为第一。不真实的事情，不诚实的语言，怎么可以做和说呢？大家一定知道《狼来了》故事中的那个放羊娃吧，只要说过谎言，以后就不会有人相信他说的话了。诚信，是做人的基本礼仪，也是为人处世的根本。

曾子杀猪

曾子是孔子的学生，他在教育子女时，不仅严格要求子女，自己也能以身作则。

一天，曾子的妻子到集市上去办事。她的儿子看到了，就跑过来又哭又闹的要跟随妈妈去集市。曾子的妻子担心儿子年幼，走不动路，就不愿带他。可儿子缠得没有办法，她就哄孩子说："儿子，你不是想吃肉吗？你若不跟随妈妈，我回来就为你杀猪煮肉吃。"

儿子听说有肉吃，马上停止哭声，露出了微笑，然后一蹦一跳地到一边去玩了。曾妻从集市回来，发现曾子正准备杀猪。她急忙上前拉住丈夫说："你疯了吗？我不过是哄孩子罢了，你怎么信以为真？"曾子说："孩子最相信父母的话。父母教孩子要守信，怎能自己不守信呢？现在你欺骗孩子，就是教他欺骗别人。今天你欺骗了孩子，孩子以后还能相信你说的话吗？这样做，怎能教育好孩子呢？"曾妻感觉丈夫说得有理，就同意曾子杀猪了。

不歪头听人说话

举止是一个人内在修养的最直接的外在表现，歪坐、斜站、眼睛到处乱看，是怠惰不敬的一种表现。《礼记·曲礼上》说"立必正方，不倾听"，即正式场合，站立的姿势一定要身正，不要歪着头斜着身听人说话。而且眼神也要专注，不要左右游离、飘忽不定。尤其是路过别人住宅窗户前、办公室门前等地方时，更不可伸长脖子侧耳倾听，像偷听别人家秘密一样，这是一种失礼

的行为。此外，《礼记·曲礼上》说，听人说话时，不要两腿高低不一，左右失衡。这样站立的姿态既是对人不敬，也是不雅观的。

说话温和谨慎

说话，既能表现一个人的内心情感，又能体现一个人的素质，还能修炼一个人内涵。所以，要约束我们的一言一行，提高我们的修养。《童蒙须知》上说，凡为人子弟，与尊长说话要温和细语、语言详缓，不可高声喧闹、哄骗。《常礼举要》上又说，口为祸福之门，话要经一番考虑再说。见失意人，不说得意语；见老年人，不说衰气悲伤话。不侮辱人，不向人乱开玩笑。这些都是尊重他人的具体行为，反映一个人的内在修养，是说话礼仪常识。

不与小商贩计较

《常礼举要》上说："于肩挑小贩苦力，莫讨便宜。"意思是说，当我们与那些挑着担子、挎着篮子、骑着车子走街串巷的小商小贩们打交道时，不要过于讨他们的便宜，不要斤斤计较，能宽厚就尽量宽厚点。孟子说："恻隐之心，仁之端也。"这些靠出苦力赚钱的人，是非常辛苦的。有时，他们整日风吹雨淋的，一天下来也赚不了多少钱，又没有节假日、保险等社会保障，包括社会最底层的很多人，日子过得非常艰苦，我们要有怜悯仁爱之心。如果对这些人刻薄尖酸、大声呵斥，甚至欺负辱骂他们，是非常没有修养的行为，也是严重违背礼仪的。

不轻议别人长短

你听说过"静坐常思己过，闲谈莫论人非"这句话吗？意思是说要经常静坐反省自己的过错，使自己的德性有所提高。平时和别人说闲话时，不要随便议论别人的是非。《童子礼》也教导我们不"轻议人物长短"，谁人没有过错呢？反省自己的过错是修养，宽恕别人的过错也是修养。而经常宽恕自己的过错、议论别人的过错，就是缺乏修养的行为了，也是违背礼仪的。

对残疾人要尊重

《论语》上记载：樊迟问什么是仁。孔子回答：爱人。又说，一个人没有仁爱之心，遵守礼仪有什么用呢？所以，仁爱是礼的根本，敬人是礼的表达形式。特别是对那些残疾人，更应该格外的尊重。所以《常礼举要》上说：与残疾人会面，须格外恭敬。此外，对孤寡老人、儿童、妇女、农民工甚至乞丐等弱势群体，都要加倍爱护和尊敬，这才是真正的修养和礼仪啊！

斗闹之处不近前

《童蒙须知》上说，凡喧闹争斗之处，不可近前；凡危险之处，不可近前。特别是赌场、酒吧、歌舞厅等娱乐场所，包括一些网吧、游戏厅等，小朋友们更是不要近前。这些场所，或许会有打斗之事发生，会危及自身安全，并且还是黄、赌、毒的重要发生地，经常出入这些场所，不仅会沾染恶习，还会使人精神委靡、穷奢极欲，给自己一生造成坏的影响。《弟子规》上说：“斗闹场，绝勿近。邪僻事，绝勿问。”道理就在此处。

借人物要及时还

你借过别人的东西吗？用后能按时归还别人吗？《弟子规》中说道：“借人物，及时还；后有急，借不难。”所以当我们借人家的东西，要想着什么时候归还，特别是在危难时人家借给我们钱财，那是对我们的极大帮助，我们应该感恩报恩。假如我们不能按时归还，而别人又有急用，就可能耽误别人的事情，这是缺乏道义的行为。所以，答应什么时间还人家，一定要兑现；如果实在有困难不能如期归还，一定要向人家解释清楚，恳请别人原谅，并告知归还计划及时间。如果每次借人家的东西都这么谨慎并守信用，以后他人还愿意帮助你。切记：借人财物不按时归还，是失信失礼之事。如果能还而不还人家，就是道德品质问题了。

问路时请说敬语

亲爱的朋友，你出家门的时候，有过问路的经历吗？别人问路时，你详细告诉过对方吗？如果不知道，你怎么回答别人呢？《常礼举要》上说，向别人问路，先称谓别人“大伯”“叔叔”等敬语，再说“请问”事项，问过路后要说“谢谢”。别人向你问路，一定要详细地为他人指示清楚。如果自己不清楚，一定要说“抱歉！我不太清楚”。如时间允许，你也可以再询问一下别人。千万不要爱答不理，一副不耐烦的样子，这样是违背礼仪的。问人路或人问路的言行是否讲究礼仪，往往反映了一个人的修养和内在的心态。

牛皋问路

岳飞和牛皋是同乡，他们一同赴京城去参加武考。考前一天，牛皋想去考场看看到底啥模样。于是，他独自一人出门前往。路上，他遇到一位老者，便问道：“喂！老头儿，去校场咋走？”老人抬头一看，见这位武士面目不善，语言又粗俗，即显不悦之色。当下便低头闭口不语。牛皋无奈，只有继续前行。结果，他走了许多冤枉路，用了半天时间才找到京城校场。岳飞在旅店好长时间不见牛皋人影，估计他去了校场。又怕牛皋行为粗莽，无端惹事，就离开旅店去找牛皋。路上也碰到这位老者，便上前拱手行礼道：“敢问老伯，去校场的路怎么走啊？”老人见他眉目清秀，又十分懂礼，便十分痛快地告诉了他详细的路径。岳飞很快就来到校场。同样的问路，不同的结果，这就是文明礼仪所产生的作用。

登高不大呼小叫

当你站在高处大呼小叫，会产生什么样的效果？相信不管是你的朋友，还是周围的路人，一定都会把目光投向你，并一脸的惊异：遇到什么特殊情况了吗？《礼记·曲礼上》说“登城不指，城上不呼”，意指登上城墙，不要指手画脚，大呼小叫。登城有所指，就会让人产生困惑；登城高呼，就会让人产生惊骇恐慌。这里的城可延伸为“高处”，我们无论是在高山上，还是在高楼上及旅游景点等，切记不可对着下面大呼小叫、胡乱指画，这样不仅影响环境，也会扰乱别人的视听，是有失礼仪的。

出国远行知禁忌

出国求学或旅行，一定要提前了解当地的禁忌，以免给自己带来麻烦，也为了使自己的一言一行符合当地的礼俗。《礼记·曲礼上》说：“入境而问禁，入国而问俗，入门而问讳。”禁，即禁忌。这句话的意思是说，每到一个地方就先打听当地的禁忌；每到一个国家就先了解该国的风俗习惯；同理，到了别人家里，也要先问他们有什么忌讳。这都是对别人及其文化的高度尊重。同时，远行归来时，尽量带一些当地的特产或礼品，去拜访至亲好友，告知他们自己平安归来。

进屋门要换鞋

亲爱的朋友，你每天放学回家进门后换拖鞋吗？换拖鞋有什么礼仪吗？《礼记·曲礼上》说，穿鞋子不上堂，并且脱鞋子时，不要正对台阶或厅堂，不要对着人，要侧向一边。穿鞋时，要跪着拿起鞋子，到一边蹲下去穿，不要面对尊长或客人穿鞋。现代家庭房屋中多数为木制地板或瓷砖地，无论回家或到别人家做客，进门时都要脱去脚上穿的鞋，换上专门准备的拖鞋。这样就不会踩脏地板，既清洁卫生，又尊重主人的劳动成果。

不踩别人的鞋

当你乘公共汽车、上楼梯时，踩过别人的鞋吗？《礼记·曲礼上》说行走时“毋践屦（jù）”，意思是说进屋门时要小心谨慎，不要踩着别人的鞋。此外，行走时也要小心，不要踩着别人的鞋。试想，如果踩了别人鞋并因此使别人摔倒，对双方来讲，是多么让人尴尬的场景。特别是在公交车上及旅游景区等人多的地方，难免有此类事情发生。如果自己不小心踩了别人的鞋，一定要真诚地向对方说“抱歉，对不起”。如果对方不小心踩了你的鞋，一定要宽容别人，不要喋喋不休地抱怨对方。宽容别人是美德，真诚抱歉是礼仪，如因为此类事而发生吵闹，对双方来说，都是严重的失礼行为。

洒扫认真仔细

洒水扫地也要讲究礼仪吗？《童子礼》上说，以木桶盛水，左手提着，右手以竹枝轻洒堂上。洒水完毕后，再取扫帚轻扫，一手执扫帚，一袖遮挡扫帚，边退边走慢慢地扫，不让尘土溅到长者身上。扫完后再用簸箕收捡，端着丢到他处。在古代，屋里屋外都是土地，尘土很多。所以，扫地前就需要先洒水。现在生活条件好了，家里的地面不是木地板就是瓷砖，打扫时也不用先洒水，先用扫帚细心扫一遍，再用拖把仔细、认真地拖地。方式虽有变化，但洒扫之精神是一致的，就是在这些日常细微的小事上培养专心、细心、认真的做事精神。一个洒扫马马虎虎的人，其做事态度多是不认真的。

室内不张臂飞奔

在居室中行走，你有张开双臂，像飞鸟那样奔跑穿行的习惯吗？《礼记·曲礼上》说“室中不翔”，意思是在室内，不要像张翅的飞鸟那样快步奔跑。因为屋内空间相对狭小，又有很多家具什物，有可能碰倒器物，或碰伤自己。如果是在别人家做客，这更是一种失礼的行为。此外，在大街上、影院、餐厅等地方，如果有两人并立正在谈论事情时，不要从他们中间穿行。不要随便打扰别人，这是一个人的修养体现。

居室要打扫整洁

亲爱的朋友，你的卧室及生活空间，经常打扫、清洁、整理吗？很多人可能会说“我每天上学，都是妈妈替我打扫整理的”。这话可不完全对！打理好自己的居住空间，不仅是自己应该承担的责任，还是生活能力的具体体现，是需要从小学习和锻炼的。《童蒙须知》中说，凡为人子弟，要经常打扫居住环境，让其保持整洁。此外，早晨起床后，要将被褥收拾整齐；晚上休息前，将自己用的笔墨纸砚及生活用品摆放整齐，归放原处。生活空间，代表主人的精神面貌。如凌乱不堪，其主人也多是邋遢之人，且对事物没有敬畏之心，这都是做人的基本礼仪哦！

远行要禀告祖先

古人出门远行前，不仅要向祖父母、父母及亲友辞别，还要到祠堂向祖先辞别。《朱子家礼》中说，如果出门远行需要很长时间，在离开前要进入祠堂，打开祠堂中门，先向先人行拜礼两次，然后上香，并向先人禀告说：“某某即将出远门，前往某地了，今日特来向先人辞行。”然后，又一次行再拜之礼，再出门。如果从远方归来，也要向先人禀告，与辞行时的礼仪相同，只是说辞为：“某某今日从某地归来，特来拜见先人。”从以上礼仪中，我们也可以明白中国文化的精妙之处，即对待生者与亡者是一样的，对待人与神鬼是一样的，这就是“视死如生、视生如死、生死无二”“祭神如神在”的精神。

忆母

明·史可法

母在江之南，
儿在淮之北。
相逢在梦中，
牵衣喜且泣。

子欲养而亲不待

一天，孔子在去齐国的路上遇到一个叫丘吾子的人在哭泣，声音非常悲哀。孔子于是下车，上前问道：“您为什么哭得这么伤心呢？”丘吾子哽咽地说：“我此生有三个过失，可惜到了晚年才觉悟，但已经追悔莫及了。”孔子便问：“您的三个过失，能否告诉我？”

丘吾子悲痛地说：“我年轻时外出求学，可等我学成回家后，却发现我的父母都已经去世了，这是我的第一大过失；在壮年时，我辅佐齐国国君，然而国君却骄傲奢侈，丧失民心，我却没有尽到做臣子的职责，这是我的第二大过失；我生平很重视友谊，可如今朋友也都失去了联系，这是我的第三大过失。”丘吾子仰天悲叹道：“最让我难过的是，当我想要奉养父母时，他们却已经不在了。”

孔子就把此事告诉了弟子们。很多弟子听了孔子的教诲后，马上告辞回家去看望父母。

远行前辞别亲友

现在很多人经常远行，或在外地上学，或出国求学，或周游世界。可是，你知道在外求学或远游有什么讲究吗？按照中国传统礼仪，如果我们要远行，并且一时半会儿回不来时，临行前一定要向祖父母、父母及至亲好友辞行，要告诉他们自己远行的地址、目的及时间等，这是时刻不忘父母及至亲好友恩德的具体行为，而自己的一言一行也要让他们安心。所以孔子说：“父母在，不远游，游必有方。”意思是说，父母在世，尽量不出远门，如果有为之奋斗的事业，必须要出远门，就要告诉他们自己的明确去处及目的，让他们安心。如果出远门不和至亲好友辞别，甚至也不告诉一声，是违背礼仪的。

与邻里和睦相处

俗话说“远亲不如近邻”，邻里和睦相处，对每个家庭都有好处。如果邻里之间经常闹矛盾，既影响彼此家庭的生活，也影响其他邻里家庭的安定。古语云：“你容我，我容你，天宽地阔；你敬我，我敬你，亦显德高。”这亦适用于邻里相处。邻里之间，抬头不见低头见，接触十分频繁，所以应当礼貌相待，努力做到互敬、互信、互助、互让。如果有分歧，双方要积极沟通，平等协商，互相谅解，通常是可以得到妥善解决的，切忌搬弄是非，火上浇油。

六尺巷

“六尺巷”，长百米，宽两米。说起“六尺巷”的由来，还有一段脍炙人口的历史佳话。清代桐城人张英、张廷玉为父子宰相，从政于康熙、雍正、乾隆，可谓三朝为官，“六尺巷”说的就是老宰相张英的故事。

清朝康熙年间，张英担任文华殿大学士兼礼部尚书。他老家桐城的宅邸与吴家为邻，两家院落之间有条巷子，作为两家过往通道。有一年，吴家要建新房，想越界占用这条路，张家人不同意。双方发生纠纷，将官司打到当地县衙。县官考虑到两家人都是名门望族，左右为难，迟迟不能判决。张英家人见有理难争，一气之下写了一封加急信送给张英，要求他出面解决。张英看了信后，并不赞成家人为争夺地界而惊动官府的做法，于是提笔在家书上写了四句话：“千里来书只为墙，让他三尺又何妨？万里长城今犹在，不见当年秦始皇。”家人看过信，领会了其中含义，主动让出三尺空地。吴家见状，深受感动，也主动让出三尺房基地，“六尺巷”由此得名。

张英的一封家书，化解了两家的邻里之争，张吴两家的礼让之举也成为几百年来的人间美谈。

罗威饲犊

汉代时有个人叫罗威，他发现邻居家的牛经常到他家田里去啃庄稼，每次都把庄稼弄坏一大片。他和邻居交涉，可邻居不予理睬，依旧放任他家的牛到罗威的田里去糟蹋庄稼。面对如此不讲道理的邻居，罗威并没有暴跳如雷，而是积极地想办法解决。他想：问题的焦点出在牛身上，那么就从牛身上去寻找解决问题的途径吧！于是，他每天天不亮就起床，到沟边地沿去打青草，然后悄无声息地把青草堆放在邻居家的牛圈前，喂给那头牛吃。牛每天有了鲜嫩的青草吃，吃完还可以美美地睡上一觉，再也不跑出去吃庄稼了。邻居每天早晨起来，看见牛圈前总是堆放着一堆青草，颇感纳闷，经过观察，知道是罗威所为，心里顿时愧疚万分，想到自己的牛吃了罗威的庄稼，自己不仅不管，还振振有词。而罗威不仅不跟自己计较，还偷偷地帮自己喂牛，真是大人大量啊！这个邻居不但主动向罗威道歉，而且对牛严加看管，再也不放任牛到处乱跑了。

俗话说“邻里好，无价宝；邻里吵，三生恼”，罗威用理智、谦让和宽厚之心，巧妙地化解了邻里矛盾，从此，“罗威饲犊”的故事也传为美谈。

入学典礼

尊师重道

入学典礼

亲爱的朋友，你知道古代也有入学典礼吗？古代的入学典礼是什么样子的呢？《礼记·王制》上说：小学设在王宫的东南，大学设在郊外。天子设立的学校叫辟雍，诸侯设立的学校叫泮宫。所以，也有人把古代的入学典礼称为入泮礼。古代的入学典礼和现在的开学典礼有点类似，但又有很多不同。下面，让我们一起去详细了解一下古代的入学典礼吧。

正衣冠

《礼记·冠义》上说：礼义的开始，在于容貌身体端正，内外表里如一，言辞和顺得体。因此，开学典礼上第一件事就是“正衣冠”。儒家先贤们认为：“先正衣冠，后明事理。”让学生们仪容整洁、体态端正，是开学后的第一课。入学时，新生们排队站立，由先生依次检查、整理好学生们的衣帽鞋袜及仪容。这个仪式现在很多学校仍然实行。然后，学生们整齐地排着队，到学堂前集合，恭敬站立。然后在先生的带领下，去祭拜至圣先师。

祭拜至圣先师

亲爱的朋友们，你了解中国的至圣先师孔子吗？孔子不仅是中国的圣人，是儒家创始人，是伟大的思想家，而且还是中国第一位开创私学的大教育家呢！所以《礼记·学记》上讲：入学之初，要穿礼服，备祭品，祭拜有道德学问的至圣先师，以示尊师重道。就是说，在入学典礼开始时，学生们穿着庄重文雅的礼服，带着精心准备的祭品，到至圣先师孔子像前叩首祭拜，以纪念圣人之功，不忘圣人之德，这是尊师重道的风气。穿礼服是表示郑重庄严之事，不能有半点怠慢之心。祭品一般为芹（寓意勤奋好学）、枣（寓意早立志向）等类似的普通蔬菜瓜果，虽然普通，却体现了古人轻视财物、看重师道的深意。

击鼓明志

《礼记·学记》上说，在入学授课前，先召集学生击鼓明志，再打开书包。表示学生们要鼓舞意志、坚定志向，并对学业及书本要有恭敬之心。然后，再拿出夏、楚（教鞭）二物，以鞭策、警诫学生，达到整肃威仪的效果，表示学习时要起早贪黑、不怕吃苦。同时，如果违反礼仪及学习纪律，就要施以处罚了。此程序完成后，入学典礼正式结束，钟声响起，学生们就要进学堂专心致志地学习了。关于鼓与钟的设计，也显示了古人的智慧。鼓是发志明志，钟是收心静心，可谓动静收发于一体。此外，也有一些学校在此环节设计洗手净心、朱砂点智等活动，其精神都是相通的。亲爱的朋友们，这个入学典礼是不是也很有趣且有意义呢？

歌咏劝学

不学《诗》，无以言。不学《礼》，无以立。诗歌能发人情怀，礼仪能束人行体，可谓内外双修、收放一体。所以古人常称诗礼传家，又称礼乐之道。而古代开学典礼上，在拜过圣人孔子和授业先生后，学生们在音乐中歌咏《诗经》中《鹿鸣》《四牡》《皇皇者华》三首诗。这三首诗是劝学诗，也是诸侯设宴招待他国使臣时用的三首诗。《小雅·鹿鸣》是首宴会诗，全诗自始至终洋溢着欢快祥和的气氛，让学生们体会礼乐的中和之美，明白与人相处时，既要遵守礼仪，又要让内心愉悦欢畅。《四牡》是一首怀乡思亲诗，感情细腻，一唱三叹，化怨为美，韵味悠长。寓意无论在外多么辛苦繁忙，都忘不了生养自己的父母和故乡，也道出不能及时尽孝的忧伤。《皇皇者华》是描写君王勉励臣下做事的诗，诗意委婉而意深，既安慰属下做事的辛苦，又戒其须忠于国家及人民，不忘初心与使命。孔子所说的“礼仪、忠孝、仁爱”，大概就是这个样子吧。

敬拜老师同学

祭拜至圣先师孔子结束后，再向授业先生叩首敬拜，以感谢先生的传道授业解惑之恩。《论语·述而》中记载，孔子说：自愿行束脩（xiū）之礼的人，我未尝不给他教诲。学生以礼敬师，老师以“传道授业解惑”回敬学生。所以，学生要向授业恩师献束脩之礼。古时束脩礼就只有几条肉干而已，后世逐渐增加到束脩六礼。束脩六礼分别为：芹菜，寓意勤奋好学、业精于勤；红枣，寓意早立志向；莲子，寓意苦其心志；红豆，寓意红运高照；桂圆，寓意功德圆满；干瘦肉十条，表达学生对先生的敬谢之意。之后，便是学生间互相鞠躬，表示互爱互帮。

读书写字礼

恭敬专注

读书写字礼

亲爱的朋友，你听说过读书写字也有礼仪吗？读书时，一定要全神贯注，大声朗读，不要读错字，不要落字、添字，不要读颠倒，要把自己的精、气、神投注到诵读之中。这是一个人恭敬、专注的体现。而写字时更要专心、严谨，写的字不求多好看，但一定要工整。磨墨、放笔时不能动作过大，不在砚台和桌面上乱写乱画。这些都是基本礼仪。虽然今天书写的工具已经发生了变化，但是对于读书写字的精神却不会改变。因此，了解一些读书写字的礼仪，会对我们的学习有很多帮助。

环境整洁清净

在日常生活中，学习环境非常重要。因为读书写字的地方，是我们涵养德行、提高修养、增加知识的场所，不能有半点疏忽。《童蒙须知》上说：在读书时，先要收拾好书桌，把桌上的物品打扫整洁。把书本整齐放好，端正身体、专心致志地看书，把书中的内容看得仔细分明、清清楚楚。整洁的环境，不仅使人神清气爽，也有助于培养敬重之心。

四时读书乐·春

宋·翁森

山光照槛水绕廊，
舞雩归咏春风香。
好鸟枝头亦朋友，
落花水面皆文章。
蹉跎莫遣韶光老，
人生唯有读书好。
读书之乐乐何如？
绿满窗前草不除。

读书先要心静

心思不安定，就会坐立不安，就读不进书里去。《礼记·大学》上说：志向坚定才能镇静不躁；镇静不躁才能心安理得；心安理得才能思虑周详；思虑周详才能有所收获。所以，读书前一定要静下心来，像明亮的镜子一样。灰蒙蒙的镜子怎么能照清东西呢？而心静的前提是，真诚地想读书。意念不真诚，心如何能静下来呢？而人心浮躁不安、意念不真诚，是不会有效果的，是读书的大忌。

读书要谦虚平和

亲爱的朋友，你知道读书也要谦虚吗？《朱子读书法》上说，读书一定要谦虚，要心平气和地去读书，还没有看完就下结论，甚至乱批评，是无礼之举。这样既不能理解作者的义理，也浪费自己的时间和精力。读书不要带偏见，不要轻易下结论，好比与人交往，第一次相见只能看到他的外表；第二次相见就可以记住他的姓名、籍贯等；第三次相见就能了解他的基本爱好和行为习惯；而相交时间久了、共事多了，才能发现他的本性及内心思想等。怎么能凭一面之交，就对别人乱下结论呢？这是对作者的不尊重。

读书要『三到』

《童蒙须知》上说，读书时有“三到”的标准：心要到位，眼要到位，口要到位。如果读书时心不在焉，只是随意散漫地诵读的话，绝对不会记住，即使记忆下来也不能做到长久不忘。在“三到”中，“心到”是最重要的。因为读书要有思考，需要用心去体会，需要用心与作者交流。而心思已经集中了，看书和诵读难道还不能聚精会神吗？精神集中了，自然会事半功倍。这不仅是读书礼仪，更是做事的真谛。而《弟子规》中也说到“读书法，有三到；心眼口，信皆要”，都是说明这个深刻的道理。

一本一本熟读

《朱子读书法》上说，书要一本一本熟读，不要贪多求快。一本完全领会了，才能换另外一本。如果能理解透彻且得当，那么一辈子会受用无穷。如果泛泛而读，走马观花，就算读到老，又有什么用呢？如果读几遍还不懂，那就读十遍；十遍还不熟，那就读二十遍。书能读五十遍，就一定有见地。如果不能熟读，哪能谈得上融会贯通呢？张载先生说：“圣贤书要能熟练背诵。精心思考多在半夜中，或静坐时得之，记不住就谈不上思考。”读其书而不知其义，可谓浪费时间，枉读此书。

温故而知新

《童子礼》中说：读过的书，要经常温习，每十天、每个月要整个梳理一遍，以求不忘。无论何人，都是会遗忘的。而读书越多，遗忘的也越多。所以，要不断地温习，要反复地梳理，才能把所学的知识掌握牢固，甚至要做札记，记录下来，重点背诵与体悟。正如孔子教人“学了以后要适时温习，只有时常温习，才能逐渐深入理解，才能继承并创新”。这不仅是读书真谛，也是做事的精神，还是与人交往的原则。“交了新朋友，忘了老朋友。”这句话大概是说那些只读书而不温习的人吧。

四时读书乐·夏

宋·翁森

修竹压檐桑四围，
小斋幽敞明朱晖。
昼长吟罢蝉鸣树，
夜深烬落萤入帏。
北窗高卧羲皇侣，
只因素稔读书趣。
读书之乐乐无穷，
瑶琴一曲来薰风。

读书要有次序

《朱子读书法》上说，读书的次序有两个：一个是许多书一起读时，要有先后、缓急的次序；一个是每本书朗读背诵、学习研究的次序。许多书一起读时，如果没有先后、缓急的次序，就会走很多弯路，增加困难，并且不能结合自身情况去体会。如读“四书”，一定先读《大学》，再读《论语》《孟子》《中庸》，因为《大学》是为学的纲目、入德之门；每本书朗读背诵时，如果没有次序，就会因为凌乱、急促而无法上下贯通。所以要一章一章去读，从前到后去读，不能间隔跳越、片面地读。礼者，天地之序也。读书、做事，没有次序怎么能说得上知礼呢？

不要怕有疑问

亲爱的朋友，你在学习上有疑问吗？遇到疑问怎么解决呢？《朱子读书法》上说，读书不怕有疑问，就怕没有疑问。刚开始读时没有疑问，再读时就有了疑问。有疑问的地方，要自己先思考，不要依靠别人。自己得不到满意答案时，再请教别人，但自己也要再思虑辨别一番。或者把甲乙丙丁的注解，拿来对比着研究，哪个有所得，哪个有所失，哪个比较精辟，哪个比较粗疏，高低自然就明白了。这种各家有异同的说法最有看头，千万不要糊里糊涂、粗心大意就放过了。读书或做事时糊里糊涂，其学问是不会精进也不会成功的。

不要懒惰散漫

古人说，一日不劳动，一日不吃饭。读书，也应该有这种精神。《朱子读书法》上说，读书做不到勇猛精进，恐怕会白白浪费时间。读书，一定要严格制订读书计划，一刻也不能放松，像射箭一样，手把着弓，一定要射中才罢休。如果半途松手，怎么能射中靶心呢？所以，读书为学，切忌懒惰散漫、悠闲逸乐、随波逐流，今天想读就读一点，明后天不想读就放下，这样一曝十寒，是不会有成就的。

三年不窥园

汉代儒学大师董仲舒，自幼天资聪颖，酷爱学习，读起书来常常废寝忘食。他的父亲董太公看着儿子如此用功读书，既高兴又担心，要劳逸结合啊。于是，董太公决定在屋后修一所花园，让儿子能在读书之余，到花园散散步，休息一下身心。

动工头一年，花园里铺了草、栽了树、种了花，到处是鸟语花香、蜂飞蝶舞。可是家人多次邀请董仲舒到园中玩，他只是摇头，仍然手捧简书，学《春秋》，背《诗经》。动工第二年，花园里修了假山、通了水渠、建了池塘，阳光明媚，绿水烟波。乡邻的孩子们纷纷爬到假山上玩，绕着池塘玩耍。可董仲舒依然不动心，仍然在屋内读诗文。第三年，花园竣工了。亭台楼榭，小桥流水，柳树成荫，美不胜收。亲友们都邀请董仲舒去玩，他还是摇摇头，仍埋头学习。他的书房紧挨着姹紫嫣红的花园，可他竟然三年没有进过花园，也无心观赏。后来他的学问天下闻名，被朝廷征为博士，公开讲学，弟子遍布四方，成为令人敬仰的儒学大师，人们都称他为汉代的孔子。

四时读书乐·秋

宋·翁森

昨夜前庭叶有声，
篱豆花开蟋蟀鸣。
不觉商意满林薄，
萧然万籁涵虚清。
近床赖有短檠在，
对此读书功更倍。
读书之乐乐陶陶，
起弄明月霜天高。

不要急功近利

做人不能急功近利，读书也是一样的。读书是厚积薄发，用的功夫越深、越久，取得的成绩越大。《朱子读书法》上说，不是看了一两遍书，就能领悟出精深的道理。这好比服药治慢性病一样，只吃了一两服，病怎么能好呢？要吃完一服又一服，吃得多了，药力自然就能发挥出来，病也就自然好了。先解决困难然后才能有收获，先努力做事然后才能成功，说的就是这个道理。

小心爱护图书

《童蒙须知》上说，凡是图书，须小心爱护，不可使其破损、污垢、皱褶。如果正在读书，虽然有急事速办，也必将图书放整齐，然后再起身。对人当恭敬，对书也当如此。作为学生及读书人，如果不小心爱护自己的图书，又如何能对文字及义理产生敬重呢？一本图书，不仅凝聚了作者的思想及意志，也耗费很多时间及精力，如果对图书不爱惜，又如何能对作者心存敬重呢？

四时读书乐·冬

宋·翁森

木落水尽千岩枯，
迥然吾亦见真吾。
坐对韦编灯动壁，
高歌夜半雪压庐。
地炉茶鼎烹活火，
一清足称读书者。
读书之乐何处寻？
数点梅花天地心。

不要漫不经心

《童子礼》上说，写字时不要漫不经心或者偷懒，以致养成写字潦草、歪斜以及错漏、涂抹的毛病。而漫不经心、写字潦草之人，其为人做事时，也多是马马虎虎、轻浮草率、不太专心的人。并且，字是让人看的，如果因潦草、歪斜以及错漏等原因，让别人无法辨认，这是对别人的不敬，也是对自己的不尊重，是违背礼仪的。

写字要严谨整齐

古人说：字如其人。什么样的人，就写什么样的字。写字，不仅是人类表达、沟通的工具，也是个人情感、气质及认识事物态度的外在反映。所以，《童子礼》说：凡写字，不论写得好看与否，最重要的是要专心去写，一定要把笔画写得严谨、整齐。而专心、严谨、工整，就是对事物恭敬的具体体现。

读书与行为结合

《朱子读书法》上说，读书不能一味地在书本上求道理，需要反过来在自身上去体验道理。比如读《论语》“克己复礼”“出门如见大宾”等句，需要结合自身实际来看，我能不能克制自己的私欲，自己的言行符合礼仪吗？能不能以恭敬之心去看待万事万物，怀着宽恕之心去理解别人？只有这样读书，才能真正有益身心。如果不将书中的道理运用在自己的日常生活中，不与自己的言行发生联系，读书再多又有什么用呢？小朋友们，这种观点你认同吗？

不在书桌上乱画

亲爱的朋友，如果有人在你的脸上胡乱涂画，你能接受并开心吗？《童子礼》上说，写字时在砚台表面、书本或桌子上胡写乱画，最不雅观，一定要禁止。砚台、书本、书桌、笔是我们学习的工具，我们一定要好好珍惜呵护它们。此外，研墨、放笔时，要小心谨慎，不要发出声音，或者将墨汁溅到四周。破坏美好的学习环境，是违背写字礼仪的。

学校日常礼

尊师爱友

学校日常礼

《礼记》上说，学习最难做到的就是尊敬老师。老师受到尊敬，真理和知识才能受到敬重；真理和知识受到敬重，学生的学习态度才能严肃。而只有学生的学习态度严肃了，才能认真听讲、专心读书，才能有学习效果。所以，培养学生对老师的尊敬，应该从一言一行认真做起。

做好课前准备工作

古人说，凡事预则立，不预则废。《家诫要言》又说：“进学莫如谦，立事莫如豫。”意思是说，要想在学业上有所进步，没有什么比得上谦虚的；要想建功立业，没有什么比得上提前做准备的。我们学习也是一样，要想取得好成绩，课前准备工作就一定要做好，这不仅是对老师起码的尊重，也是每个学生应该具备的基本礼仪。比如上课前，值日生应在征得老师的同意后，主动为老师擦净黑板，整理好讲台。其他同学应把书本和学习用品准备好。预备铃声响起后，同学们要安静有序地归位，恭迎老师上课。当老师走进教室，班长应用洪亮有力的声音喊“起立”，全班同学立正站好，真诚地向老师鞠躬并行注目礼，等老师回礼后，同学们才能坐下。当然，老师每天下课时，也要起立行礼感谢老师，目送老师离开。

请教问题要举手

当我们在课堂上有疑问时，一定要选择一个合适的时机，举手向老师提问，这是尊重老师的表现。《童子礼》中讲，课堂上想要向先生请教，要先整理衣衫，保持神情严肃，先向先生报告，获得先生同意后才能离开座位上前提问，等先生回答完毕才能返回座位。这虽然是古时学堂中的礼仪，但今天仍然适用，这是对课堂秩序的尊重，也体现了尊师重道的精神。

听讲时要端坐

《常礼举要》上说：“听讲时应端坐或直立，不支颐交股，弯腰翘足。”就是说在教室听讲时，应该挺身端坐；在教室外听讲，应该挺身站立。不要支着头、架着腿、弯着腰。为什么要如此要求呢？因为挺身端坐直立、抬头收脚才能聚精会神地听讲，而支着头、架着腿、弯着腰则显得精神萎靡，是懈怠的表现，其听讲效果自然不好。并且，这样的姿势也不美观，是对老师的不敬，是违背礼仪的。

曾子避席

“曾子避席”出自《孝经》，是一个非常著名的故事。曾子是孔子的弟子，有一次他在孔子身边侍坐，孔子就问他：“以前的圣贤之王有至高无上的德行、精要奥妙的理论，用来教导天下之人，人们就能和睦相处，君王和臣下之间也没有不满，你知道这是什么原因吗？”曾子听了，明白老师是要指点他最深刻的道理了。于是，他立刻从坐着的席子上站起来，走到席子外面，恭恭敬敬地回答道：“我不够聪明，哪里能知道呢？还请老师把这些道理教给我吧。”在这里，“避席”是一种非常礼貌的行为，如同今天我们向老师请教问题时要恭敬站立，老师讲课时要正身端坐，专心静听，都是为了表示对老师的尊重。

上课不迟到不早退

《孟子》说：“不以规矩，不能成方圆。”所谓规矩，就是用来规范人们行为的准则，也是人们各项事业成功的重要保证。无论我们立身处世，还是读书学习，都一定要遵循规矩法度，入学上课也是一样，我们应尽量做到不迟到、不早退。否则不仅是对老师的不尊重，还会打扰老师的教学活动，影响其他同学的注意力。如果经常迟到，还会使我们变得缺乏时间观念。如果因特殊情况偶尔迟到，进教室时一定要注意礼貌，如先轻轻叩门，得到老师允许后，轻轻进入教室，简短地向老师说明原因，得到老师同意后再迅速而轻声地回到座位。

离校先请示老师

现在，不管是幼儿园，还是小学、初中、高中，校门都封闭并有保安把守，不到放学时间，学生是不能随意离开学校的。如果有特殊情况，需要请示老师，说明情况并得到老师应允后才能出校门，这是学校规则，也是作为学生的基本礼仪。关于这一点，早在《童子礼》中就有提及：在学校时，或因父母的呼唤需要出校门，则应请示老师，不可擅自行动。

离校先请示老师

路遇老师要问好

《荀子·修身》中讲："君子隆师而亲友。"意思是说君子要尊崇老师而亲近朋友，这一点应当体现在我们的一举一动中。当我们路遇老师，应主动上前问候老师，同时态度要恭敬，语气要温和，语调要平稳，姿势要端正。一声亲切的问候会让老师感到欣慰。这一点在《弟子规》中也有提及："路遇长，疾趋揖；长无言，退恭立。"这虽然是古时遇见尊长的一种礼仪，现代也要上前问候，表示致敬，虽然形式发生了改变，但是尊师重道的精神并没有改变。

程门立雪

杨时是北宋著名学者。他不仅酷爱学习，而且对老师礼敬有加。

相传有一次，他和同学游酢一块儿去拜程颐为师。走到老师家门口，杨时正想敲门，忽然听见了老师的打鼾声。杨时就悄悄地对游酢说："程老师正在休息，咱们在门外等会儿吧！"他们就恭敬地站在门口，静静地等待。这时，外面开始下起了雪。如此过了很久，程颐才醒来。他发现有两个学生站在门口的雪地里，就赶忙把他们拉进屋里，吃惊地问："外边这么冷，还下着雪，你俩怎么不进屋呢？"杨时微笑着说："程老师，您正在休息，我们不忍心惊动您！"程颐深受感动，便收他俩为弟子，悉心传授。后来，两人不负所望，各自成为一代理学大师。

这就是"程门立雪"的故事。它启示我们：尊师不仅仅停留在认识上，还要落实在行动中。

不能上学要提前请假

《三字经》中讲"亲师友，习礼仪"。生活中处处都要讲礼仪。当我们因为家中有事或身体有病不能上学时，要向老师提前请假。请假的方式有两种：一种是事前写出书面的请假条，说明请假的真实理由；另一种是打电话向老师说明请假的原因、时间，请老师批准。不管采用哪一种请假方式，都要注意用词用语等方面的礼仪。千万别等事情过后再说，或者不向老师请假。让老师担心或来电询问，这是违背礼仪的。

老师上课不起哄

《荀子·大略》说："国将兴，必贵师而重傅。"意思是说，国家想要振兴，必须尊敬教师，重视传授专长技术的师傅。可见，老师的地位有多高，值得每一个学生尊重。所以，作为学生，应时刻怀有一颗对老师的恭敬心。当老师讲课幽默风趣时，我们应当由衷地赞美老师；当老师无意犯错，如读错了一个字或讲解有些枯燥时，学生不能故意起哄、做怪相或专门挑老师的毛病，引逗其他同学发笑。这种行为会扰乱课堂秩序，影响讲课和听课的效果，也会影响老师的心情，是不尊重老师的表现。

按时完成作业

学如逆水行舟，不进则退。《中庸》中有句关于学习的名言："博学之，审问之，慎思之，明辨之，笃行之。"意思是说，要广博地学习，要对知识详细地询问，要慎重地思考，要明白地辨别，要切实地力行。作为一名学生，一定要按时完成老师布置的作业。作业是检验我们课堂学习效果的重要手段之一，它既能使我们巩固已学知识，又能提高我们的学习能力，还是一种礼仪表现，是我们对老师劳动成果的基本尊重。同时，不能按时完成老师布置的作业，也是失信的行为，无信之人怎么能称得上知礼仪呢？

教室楼道不喧哗

无论是在教室课堂上，还是在学校的楼道里、图书室、礼堂，我们都不应该大声喧哗，甚至打闹斗殴，这是对公共秩序的遵守，也是自身的修养体现。这一点在《童子礼》中早有提及，儿童不可轻率随便地说话。如果要说话，必须轻声细语、语气平和，不能高声喧哗。古时对儿童的日常生活都有此要求，更别说在学校教室、楼道、图书室、礼堂等这些需要安静的公共场合了。所以，作为现代人，我们更要注意自己的言行，遵守学校的规章制度，做一个讲文明、懂礼仪的学生。

为同学保守秘密

每个人都会有一些个人的秘密，如果你发现同学的隐私，不要随意扩散，因为这些隐私可能是伤心事，也可能包括别人的生理缺陷、个人的恩怨等。在校园里，同学之间一定要互相尊重，不要随意窥探别人的隐私，如私自翻看同学的日记、私拆私藏同学的信件等。《弟子规》中讲：“人有短，切莫揭；人有私，切莫说。”意思是说，发现别人的短处，千万不要当众揭露；知道别人的隐私，千万不要到处宣扬。古语也有“不敬他人，是自不敬也”的说法，所以，为了表示对他人的尊重，同时也表示自重，一定要为同学保守秘密。

对待同学要宽厚

古人云：“责人之心责己，恕己之心恕人。”“海纳百川，有容乃大”。就是说为人处世要严于律己，宽以待人，要有包容万物的胸怀。同学们朝夕相处，有时难免会发生一些小摩擦。这时，我们不要斤斤计较，更不要拉帮结派去诋毁攻击对方。凡事要换位思考，站在对方的角度想一下，自然就理解对方并心平气和了。一个懂得宽厚为怀，善于原谅别人错误的人，才能团结同学，营造一个和谐互助的班集体，“礼之用，和为贵”，这也是同学们讲文明、懂礼仪的重要组成部分。

看完图书归原位

《弟子规》上说：“列典籍，有定处；读看毕，还原处。”意思是说，书籍应分好类，收拾整齐，放在固定的地方，读完应放回原处。很多人在图书馆看完图书后，或随手丢在桌子上，或随意横放在书架上；或把文学类的书籍放到科技类的架子上……这种看完书不归原位，随意乱放的做法是有失礼仪的，不仅增加了图书管理员的工作量，还增加书籍的破损概率，又造成书架混乱，不整齐，不美观。

对安保人员要尊敬

学生不仅要礼敬老师、爱护同学，而且要尊敬学校的其他后勤人员，如学校的安保人员等。虽然他们不像老师那样每天站在讲台上为我们讲课，教我们知识，但他们同样为学校做出了贡献，保证了老师、同学们的安全及学校秩序。《弟子规》中讲：“凡是人，皆须爱；天同覆，地同载。”意思是说，凡是人，都应该彼此相亲相爱；因为大家都生活在同一片蓝天下、同一个地球上。因此，当我们每天出入学校大门时，要礼敬安保人员，一个笑脸、一声问候、一句谢谢，都能表达自己对他们辛勤工作的敬意。

升国旗要肃立示敬

升降国旗及唱国歌、校歌时，要肃立示敬。国旗，是一个国家的象征与标志。国家，“国”与“家”是休戚与共的，有国才有家，有家才有国，面对自己的国家，怎么能不以恭敬之心对待呢？很多学校在每周的星期一早晨，都要举行庄严而又隆重的升国旗仪式。晨风习习，朝阳灿灿，倾听着气壮山河的国歌，仰望着迎风飘扬的国旗，相信大家一定会为这一庄重的升旗礼而自豪。所以，每当国歌奏响，国旗冉冉升起时，我们一定要正视国旗，肃立示敬。如果在此时，我们东张西望、交头接耳，或与同学偷偷打闹，或心不在焉、歪头斜腿等，都是对国旗不敬、对国家不敬的行为。

同学之间不攀比

当某同学买了名牌服装或经常出入高档饭店，你心中是不是特羡慕？想想自己的现状，有时是不是还会有一种莫名的失落感？其实大可不必。《弟子规》中讲：“若衣服，若饮食，不如人，勿生戚。”学生穿衣服贵在整齐干净，不在于是否高档、华丽，只要符合自己的身份就可以了；对于饮食，不应该挑三拣四，只要营养均衡，有益于健康成长才是合适的选择。不要和同学们攀比衣服和饮食，更不要因不如别人而不愉快。同学们之间要比的是德行、成绩、才艺等。

升国旗要
肃立示敬

孔子有一位弟子叫原宪，他为人清廉，安贫乐道，不肯与世俗同流。孔子去世后，原宪隐居山中。而他的老同学子贡，当时已是卫国宰相，名动天下。

一次，子贡身着华丽服装，乘着良车宝马，带着大批随从，去拜访原宪。因山路狭窄，杂草丛生，车马不便行走。子贡就命令把杂草全部砍掉，开路前进。原宪见子贡如此兴师动众、声势浩大地到来，既打扰他的清净，又破坏山川之美，违背了夫子教导的仁民爱物精神。所以，他就故意换上破旧的衣服接见子贡。子贡见原宪衣着破烂，心里想：你原宪再穷，总有一套体面的衣服吧。穿成这样见我，这不是让我在众人面前丢颜面吗？于是，他带着讽刺的语气说："老同学啊，你怎么混成这样？难道你生病了吗？"原宪回答说："据我所知，没钱称之为贫；从夫子那里学习了道却不能践行，称之为病。原宪我是穷，没有病。"

子贡是聪明人，一听此话，就明白这是老同学在提醒自己：要时刻记住夫子的仁义之道，切身力行。子贡想到今日如此排场来见老同学，确实有点过了，所以觉得很惭愧。

中国式礼仪

雷子◎编著

4

天津出版传媒集团
天津人民美术出版社

图书在版编目（CIP）数据

中国式礼仪 / 雷子编著. -- 天津 : 天津人民美术出版社, 2021.10（2023.2重印）
ISBN 978-7-5729-0221-5

Ⅰ. ①中… Ⅱ. ①雷… Ⅲ. ①礼仪－中国－少儿读物 Ⅳ. ①K892.26-49

中国版本图书馆CIP数据核字(2021)第195856号

中国式礼仪（1—4）
ZHONGGUO SHI LIYI（1—4）

出 版 人：杨惠东
责任编辑：刁子勇
助理编辑：孙 悦
技术编辑：何国起 姚德旺
出版发行：天津人民美术出版社
社 址：天津市和平区马场道150号
邮 编：300050
电 话：(022)58352900
网 址：http://www.tjrm.cn
经 销：全国新华书店
印 刷：大厂回族自治县德诚印务有限公司
开 本：787毫米×1092毫米 1/16
版 次：2021年10月第1版 2023年2月第2次印刷
印 张：22
定 价：168.00元

前言

“中国有礼仪之大，故称夏；有服章之美，谓之华”。我们华夏民族自古被人盛誉为“衣冠上国、礼仪之邦”。

说到礼仪，很多人认为，不就是礼貌、修养和待人接物的一套方法吗！此言差矣！中国著名史学大师钱宾四先生说：“中国文化的核心是礼。西方文化中没有‘礼’的概念，也不是西方社会所表达的礼貌、修养的同义词。所以，不了解中国传统礼仪及精神，就不能把握中国文化之精髓，何谈复兴中国文化？”此论极具洞见，发人深思，这是钱先生在研究中国文化与历史近八十年后的精辟总结。

是的，西方人是靠宗教和法律来管理社会的，而中国人自古以礼治天下。从上古“礼巫时代”，到周公“制礼作乐”，再到孔子的“由仁入礼”，再到荀子的“礼法兼治”，再到朱子的“礼约自治”，中华礼仪史可谓源远流长。无论是《周礼》为国家建制，还是《仪礼》为民众行为规范，还是《礼记》为“五礼”精神内涵进行解读，以及《家范》《家礼》等礼学典籍为社会自治的普及，都高度凝聚了中华民族在历史长河中不断奋进、克己复礼的文明史。

孔子是中国文化集大成者，其学说以“仁”为核心。他说：“克己复礼为仁”“人而不仁如礼何？人而不仁如乐何？”是啊！只有约束自身使言行符合礼，才是仁啊！可是，一个人如果没有仁爱之心，如何施行礼呢？一个人如果

没有仁爱之心，如何施行乐呢？这就是孔子“仁本礼用”的思想。清代教育家颜元又说：“国尚礼则国昌，家尚礼则家大，身有礼则身修，心有礼则心泰。”这句话高度概括了礼仪的作用，礼仪能养心，能修身，能齐家，能治国平天下，小则反映一个人的处事风格和素质修养，中则反映一个家庭的有序治理，大则反映一个国家的文明程度。这就是中国式礼仪精神，也是中国历史长河中，一代代社会精英坚持提倡“礼法兼治”的重要依据。中国式礼仪，不仅可以规范个人及社会行为，达到万物有序、自然和谐，还可以作为中国人的道德法则，体现了中国人对仁义、礼让、慈悲及天人合一的文化精神追求。

《中国式礼仪》就是这样一本中华礼仪文化的普及读物。它贯穿人的一生，包括人生礼仪的方方面面，小到个人的仪容礼、饮食礼、入学礼、读书写字礼、迎宾待客礼、访友做客礼、馈赠礼、座位礼、饮茶礼、敬酒礼、寿诞礼、谦称礼、敬称礼、电话礼等，大到诞生礼、成人礼、婚礼、丧礼、祭礼，以及军礼、射礼、节日礼俗等。它内容丰富，条理清晰，通俗易懂，意义深刻。

中国礼仪博大精深、源远流长，本书遵循“取其精华，与时俱进”的原则，挖掘礼仪文化中蕴含的仁爱、和谐、有序的价值观念，与友善、文明、平等、法治等社会主义核心价值观相结合，融入当今社会的核心价值，既有深厚的文化性，也有鲜明的时代性。

民族自信，源于文化自信。《中国式礼仪》在新的时代一定深受中国人的喜爱，并随着中国的崛起而传播到世界各地，从而有利于再塑“礼仪之邦”，再造自治精神，再创中国辉煌。

雷子于北京天通苑

2021 年 6 月 10 日

传统节日礼俗

除夕 迎神祭祖

春节 迎新拜年

元宵节 天下狂欢

立春

万象复新

清明

扫墓祭祖

端午

保民敬贤

七夕

温馨浪漫

中秋

祭月赏月

重阳

尊老敬老

除夕

迎神祭祖

除夕，是中国人每年中第一个重要节日，是辞旧迎新、迎神祭祖、万家团聚的重要节日。古人为什么把除夕称为第一个节日，并且和新年合在一起呢？无故不成新。没有传统怎么能有现代呢？传统与现代是一体的，过去与未来是不能分割的。所以在这一天，回家与亲人团聚，吃团圆饭，喝团圆酒，和美地聚在一起享受天伦之乐，并且一起熬夜『守岁』迎新。那一刻，也是中国人最幸福、最温情、最甜蜜的时刻。即使平日里有些不快或怨气的人，也会在这除旧迎新的大吉祥下，把一切都放下。除夕，既是怀旧又是辞旧，既是守旧又是迎新，一切向前，去拥抱新的美好的明天。而一切礼俗也是围绕这个主题，慢慢地拉开序幕。

迎灶神

在传统礼俗中，每到除夕之日，人们有祭灶仪式，即接灶王爷的仪式。灶王爷，又称灶君，是厨房之神，掌管人间烟火。民以食为天，所以说灶王爷被老百姓认为是可亲又可敬的一位神。“二十三日去，初一五更来”，说的就是灶王爷腊月二十三日去上天禀告人间善恶，初一五更就会再回到人间。所以，民间在除夕这天，将新的灶神像安置于神龛上，并敬以美酒、水果、点心等祭品，焚香礼拜，以迎接灶君正月初一的到来。这种仪式，就像我们为远方来客或远归的亲人接风的仪式一样，美酒佳肴，热情招待，以解旅途劳顿之苦。对人当恭敬尊重，对神也当恭敬尊重，人是神，神亦是人，礼仪都是相同的，这就是中国文化的精妙之处。

祭祖

曾子说“慎终追远，民德归厚矣”，而祭祖就是“追远”，是中国人的传统，特别是在清明、中元、重阳、除夕，人们都要举行正式的祭祖礼仪。所以，在除夕晚饭之前，家家户户都要把家谱、祖先神像、牌位等供于家中正厅，安放供桌，摆好香炉、供品。所有家人按长幼顺序在供桌前肃立，待鞭炮燃放后，由长辈先点香敬香，然后率家人依次向先祖行跪拜礼。礼毕后，全家人再一块儿吃年夜饭。很多人也有到亲人的墓地祭拜的仪式。祭祀祖先，就是感谢先祖之德，不忘祖先的养育之恩。忘掉先人之恩，丢掉祭祖仪式，一切以“今世”为致用，民风又怎能淳厚质朴呢？活着的人要过年、要团聚、要喜庆，先人们也要过年、要团聚、要喜庆，侍奉今人与先人的礼仪是一样的，生与死的道理也是相同的。

贴门神

门神，即保卫门户之神。作为民间信仰，人们将其神像贴于门上，用以辟邪驱鬼、保卫门户平安吉祥。按照传统习俗，每到春节前夕，家家户户便忙着贴门神及对联，祈福来年。最初的门神，没有固定神像，唐宋以后，人们将秦琼、尉迟敬德或关羽、

除夕

清·赵翼

烛影摇红焰尚明，
寒深知己积琼英。
老夫冒冷披衣起，
要听雄鸡第一声。

张飞画为神像作为门神，左右门户各贴一张，保卫我们的门户。秦琼、尉迟敬德、关羽、张飞，都是中国有名的忠义之士，是老百姓心目中的大英雄，不仅寄托了人民辟邪除灾、迎祥纳福的美好愿望，也深刻表达了国人对忠义之士的尊敬推崇之情。

吃年夜饭

年夜饭，又称团圆饭，是农历除夕最后一餐，也是中国人最重要的一餐。这一天，全家所有成员都要身穿新装、仪容整洁，不分辈分、男女来参加这一特别的盛宴，大家欢天喜地共聚一堂，同吃丰盛、吉祥的团圆饭。除了美酒佳肴、山珍海味外，还有几种食品是必不可少的，如馄饨、饺子、长面、元宵、年糕等。馄饨，寓意盘古开天辟地时“清气上浮为天，浊气下凝为地”，混沌结束，让天下清明之大功；饺子，寓意新旧交替，子时（午夜 11 点至凌晨 1 点）交临之新希；长面，又叫长寿面，寓意健康、长寿百年；元宵，寓意团团圆圆；年糕，寓意年年高升如意。如果有远行的家人不能回家，一定要留个座位，摆上碗筷、酒杯，以象征全家团圆之喜。年夜饭，是中国人的文化盛宴，吃出了吉祥，吃出了幸福，吃出了团圆，吃出了美味，吃出了意境。

守岁

守岁是一种习俗，也是一种礼仪，俗称“熬年”，就是在除夕这晚通宵不眠，熬夜到子时以后，以迎接新一年的到来。守岁从吃年夜饭开始，这顿年夜饭要慢慢地吃、细细地品，从掌灯时分入席，一直吃到深夜。很多人在年夜饭结束后，接着温情地话说旧事，喜悦地展望未来，家人欢聚一堂，喜气洋洋，热闹非凡，共享这天伦之乐、人间至美。此外，守岁还有其他含义：一为“辞旧岁”，寓意光阴有限，转瞬即逝，我们要倍加珍爱生命；另一为“迎新年”，寓意美好的新生活，马上开始，我们要及时把握时机。守岁时，家庭内外都是灯火通明。灯火预示着五谷丰登，人丁兴旺。因此，守岁的礼仪要求是，家家户户家里的灯都要点亮，彻夜长明如同白昼。尤其在农村，连牛棚、鸡舍都要点亮灯，寓意新的一年光明红火。守岁礼俗，既对故去岁月充满惜别留恋，又对崭新的未来翘首期盼。

春节

迎新拜年

春节，又称元日、大年，民间称为新年，是中华民族最隆重的传统佳节。狭义的春节指农历正月第一天，广义的春节从腊月二十三起一直延续到元宵节。元日子时交年时刻，鞭炮齐响，礼花盛放，辞旧岁、迎新年的活动达到高潮。随后，家家户户开始焚香致礼，敬天地，祭祖宗。然后给长辈拜年，给亲朋好友祝贺新年。元日后，开始走亲访友，互送礼品，以庆新年。其间，各种娱乐活动竞相开展：戏曲、歌舞、耍狮子、舞龙灯、扭秧歌、玩杂技等，人们以盛大的仪式和热情，迎接新年，迎接春天。其中，拜年是春节最有代表性的礼仪。

拜新年

“爆竹声中一岁除，春风送暖入屠苏。千门万户曈曈日，总把新桃换旧符。”每逢大年初一，人们都会早早地起床，戴新帽，着新衣，穿新鞋、新袜，去迎接新年新气象。晚辈们收拾整洁后，首先要向祖父母、父母拜年，依次行跪拜大礼，以感谢祖父母、父母的生养大恩，并祝福祖父母、父母健康长寿，万事如意，新年快乐。祖父母、父母受拜后，将事先准备好的“压岁钱”分给晚辈，以示还礼和祝福。然后，晚辈们在长辈的率领下出门，给家族中的长辈们挨家挨户拜年行跪拜大礼，祝福老人健康吉祥。家族长辈们也要给晚辈“压岁钱”或其他礼物作为还礼，并祝福晚辈们新年吉祥。大家在喜气洋洋、和和睦睦、亲亲热热中完成了拜新年礼仪，践行着尊老敬老、爱幼疼幼的中华传统美德，遵守着长幼尊卑的社会秩序，也深深地体现了中华传统礼仪精神。最后，人们再根据时间，分别给亲朋好友先后拜年，相互祝福新的一年大吉大利。

迎喜神

大年初一这天，在黄河和长江流域，人们还有迎喜神的礼俗。这天，大人小孩儿都开门出行，朝着喜神所在的方位行百余步，领头人先取出各种祭品，呈品字形摆放。然后在地上堆三个小土堆，中间代表天神，左边代表地神，右边代表喜神。土堆上各插三炷香，焚香叩拜，然后挑灯引路，将喜神接回家中，祈祷喜神保佑自己和全家老少在新的一年里，事事顺心，吉祥如意。

敬天地

敬天地年年富贵，孝父母岁岁平安。中国人每逢大年初一，不仅要举行正式的孝亲仪式，对父母及长辈行跪拜大礼，还要举行庄严的仪式来礼敬天地。本来祭祀天地，在古代天子及诸侯才能进行。可是，老百姓也有这种愿望，以表达对天地大德的感恩之情，但又不能违背礼制，怎么办呢？到了宋明以后，这一仪式经先贤们的设计，就在民间有所改造、革新并广为传播。于是，很多人家设有“天地君亲师”牌位，或者挂“天地日月”等诸位神像，人们在大年初一这天，摆上各种丰盛的祭品，举行祭祀仪式，以示对天地自然的礼敬与感恩，并祈求风调雨顺、新年平安。

祭财神

正月初五是祭财神的日子，北方很多地区称为“破五”。财神，即五路神，指东西南北中五路神仙，旧俗春节期间大小店铺从“除夕”起关门，在这一天开门会大吉大利，所以很多商家选择这一天营业。每到正月初五零时零分，民间很多人家会打开大门和窗户，放爆竹，点烟花，燃香，摆上供品，祭五路财神，以感谢财神的关照，也希望在新的一年里发财致富，深刻表达了人们对明天生活的美好追求与期望。

迎神

唐·皇甫冉

启庭户，列芳鲜；
目眇眇，心绵绵，
因风托雨降琼筵。
纷下拜，屡加笾，
人心望岁祈丰年。

庆人日

农历正月初七，是人类的生日，民间称为“人日”。传说女娲造万物时，一日为鸡，二日为狗，三日为猪，四日为羊，五日为牛，六日为马，七日为人。所以，到了正月初七这天，民间要举行庆祝、祭祀等活动，来纪念人类的生日及女娲造万物之大德。到了唐代，人日节仍然非常受重视。“人日题诗寄草堂，遥怜故人思故乡。柳条弄色不忍见，梅花满枝空断肠。身在远藩无所预，心怀百忧复千虑。今年人日空相忆，明年人日知何处。”这就是高适描写“人日节”的有名诗句。现在很多地区还过人日节。人日节这天，不出远门，不走亲串友，在家与家人团聚。人日过后，在外工作或学习的人，就可以远走他方了。而农民，也该准备春耕生产了。

拜谷日

人有生日，物有生日吗？有。正月初八，是民间传说谷子的生日，俗称“谷日”。《三字经》上说：“稻粱菽，麦黍稷。此六谷，人所食。”民以食为天，而中国又是农耕文明，对农业及农作物是非常重视的。所以在正月初八这天，人们要身着礼服，将写有谷物名称的牌位，恭敬地放在供桌上，摆上祭品，举行祭拜仪式。并且这天不吃煮熟的谷物，以示对食物的恭敬及感恩之情，也传达了重视农业、珍惜粮食的思想。现在，我们很多人早已远离了大自然，对农作物也极其陌生。而重过谷日节，感受农业的重要、粮食的意义，对于四体不勤、五谷不分的当代人来说，是很有价值的。

给压岁钱

拜年时，要问小朋友们最喜欢什么，一定是压岁钱了！压岁钱，又叫“压祟钱”。传说中，祟是一种小鬼怪，它们最喜欢做的事情就是在大年初一晚上出来吓唬小孩子，听说还能进入小孩子的梦里。小孩子被吓后，就会生病，发起高烧，呓（yì）语不止。最初，大人们只能整夜整夜地守在旁边，防止祟接近小孩儿。一次偶然中，有人发现铜钱可以驱赶祟，只要将几枚铜钱放在孩子的枕头下面，祟就不敢接近了。于是，大家就在拜年时，给小孩子几枚铜钱，让他们晚上放在枕下。这几枚铜钱就是最早的压岁钱。也有些地方，将压岁钱称为“压兜钱”。大人过年时，会给几张钱，让孩子压兜，意寓过年时兜里不空，来年财运好，运势旺。

元宵节

天下狂欢

元宵节

元宵节，又称上元节、元夕或灯节，是春节之后的第一个重要节日，正月是农历的元月，古人称夜为『宵』，所以把一年中第一个月圆之夜正月十五称为元宵节。『火树银花合，星桥铁锁开。暗尘随马去，明月逐人来。游伎皆秾李，行歌尽落梅。金吾不禁夜，玉漏莫相催。』元宵节，是中国人的狂欢节，万人空巷，一起拥上街头；人人雀跃，不分富贵贫贱。人人参与其中，热情，奔放，自由，激情，彻夜庆祝狂欢。

正月十五夜灯

唐·张祜

千门开锁万灯明，
正月中旬动帝京。
三百内人连袖舞，
一时天上著词声。

闹花灯

闹花灯是元宵节重要的活动。元宵节放灯据说起源于东汉明帝时期，到了唐代，赏灯活动更加兴盛，皇宫里、街道上处处挂灯，还要建立高大的灯轮、灯楼和灯树，可谓是“一曲笙歌春如海，千门灯火夜似昼，火树银花不夜天”。元宵节观灯对古代女性来说，则是一年之中最有吸引力的节日活动。按照传统礼教，平时大家闺秀、小家碧玉只能生活在深闺之内，不能随便抛头露面，而元宵节，她们却可以彻底解放，可以名正言顺地外出夜游观灯，相互倾心的青年男女，也得以有机会谈情说爱。“去年元夜时，花市灯如昼。月上柳梢头，人约黄昏后。今年元夜时，月与灯依旧。不见去年人，泪湿春衫袖。”描写的就是偶遇佳人相会而无缘再见的唯美与惆怅。

吃元宵

吃元宵，是元宵节家家户户必做的事情。元宵也称圆子、团子或汤圆。元宵节吃元宵，是取月圆人圆事事圆满之意，是全家和睦幸福的象征，因而千余年来一直成为欢度元宵节的最佳食品。元宵以白糖、玫瑰、芝麻、豆沙、黄桂、核桃仁、果仁、枣泥等为馅，用糯米粉包成圆形，可荤可素，风味各异。可汤煮、油炸、蒸食，味道甜蜜、滑润、香软，好吃极了。

生查子·元夕

宋·欧阳修

去年元夜时，
花市灯如昼。
月上柳梢头，
人约黄昏后。
今年元夜时，
月与灯依旧。
不见去年人，
泪湿春衫袖。

猜灯谜

猜灯谜又称为“打灯谜”，是中国独有的一种传统民俗文娱活动形式，运用艺术的手法和汉字的规律，着眼于字义词义变化，常用一个词句、一首诗来制成谜语，达到娱乐与艺术赏析的目的。每逢元宵节，家家户户都要挂起彩灯，燃放焰火。后来有好事者，又把谜语写在纸条上，贴在五光十色的彩灯上供人猜。因谜语通俗易懂，不仅能启人智慧，还能引起人们的兴致、情趣与互动，非常契合欢快的节日气氛，所以逐渐成为元宵节不可缺少的文化娱乐节目，也体现了老百姓对美好生活的向往与追求。

舞狮子

舞狮子，是我国传统的民间艺术形式，每逢元宵佳节或集会庆典，民间都以舞狮子前来助兴。这一习俗起源于东汉时期，南北朝时开始流行，至今已有一千多年的历史。据传说，它最早是从西域传入的，狮子是文殊菩萨的坐骑，随着佛教传入中国，舞狮子的活动也输入中国。舞狮子有文武之分，文狮子一般是戏耍性的，表演动作风趣喜人、花样翻新，比如挠痒痒、舔毛、抓耳挠腮、打滚、跳跃、戏球等；武狮子动作技巧高超、惊险不断，比如踩球、采青、过跷跷板、高空腾翻、走梅花桩等高难动作。

舞龙灯

舞龙灯又称“舞龙”“龙灯舞”，是中国独具特色的传统民俗娱乐活动，在汉代时就已相当普遍了。古人把龙、凤、麒麟、龟称为四灵，而龙又为四灵之首，是中华民族的图腾，是中国神话传说中的神异动物，象征着祥瑞之气，代表着神秘莫测、变化多端。因此，用舞龙来祈祷上天的保佑，以求得风调雨顺、五谷丰登、国泰民安。舞龙灯，造型优美，绚丽多彩，线条刚柔相济。舞龙者在龙珠的引导下，手持龙具，随鼓、锣、钹、唢呐等乐器的伴奏，气势雄伟刚健，舞姿生动唯美，并通过人体的运动和姿势的变化完成龙的游戏，或穿，或腾，或跃，或翻，或滚，或戏，或缠，组成造型各异的动作及套路，舞龙期间，还伴有鞭炮、焰火，有腾云驾雾之势，蔚为壮观，热闹非凡，充分展示龙的精、气、神、韵，深刻地表达了中国人的浪漫主义色彩。

立春

万象复新

立春

『东风带雨逐西风，大地阳和暖气生。万物苏萌山水醒，农家岁首又谋耕。』立春不仅是二十四节气中第一个节气，也是中国传统节日。立春，不仅象征着春天的来临，风和日暖，鸟语花香，也意味着万物生长，农家播种，预示着一年农事活动的开始。『一年之计在于春』，我国人民对春天的到来寄予希望，因此历来都很重视这个节日。

立春

宋·王镃

泥牛鞭散六街尘，
生菜挑来叶叶春。
从此雪消风自软，
梅花合让柳条新。

祭春大典

《后汉书·礼仪》上记载，每年立春前三天，天子开始斋戒。立春这天五更时，天子亲率三公九卿诸侯大夫，身着青色礼服，到东方八里之郊祭祀春神，举行隆重的迎春大典。郡县百官身穿礼服，戴青色头巾，竖立青色幡旗，同时举行迎春仪式，以晓告百姓准备春耕之事，很多官员还要亲自扶犁耕地，表示对农耕农时的重视。天子迎春大典，是为了祈求天下丰收。而东方对应木，又是仁德生发之地，所以祭春大礼完毕后，天子还要赏赐群臣，接济贫困之民，表扬好人好事等行为，以符合天道的仁爱。所以在立春这天，又颁布诏书说："命令三公：现在正值春耕时节，对待人民，务必敬始慎微，罪不当斩首死刑的，暂且不要查处，等到麦熟收获后再办理；对待官员，一定要贬退贪污残暴的人，启用仁厚良善的人；对待罪犯，凡是可以下遣帮助春耕的人，就照旧例去办理。"

鞭打春牛

古代社会有"打春牛"的典制和习俗。牛是古代农业的主要工具，也是农事的象征。打春牛也称"鞭牛"或"打春"，通常在立春日进行。鞭牛是为了"提醒"牛：春天来了，该开始干活了。可农民是舍不得鞭打真牛的，往往会用泥或纸做个假牛，用柳条鞭打。牛的大小也有讲究：迎春牛身长要三尺六寸五，象征一年

365 天；牛尾长一尺二寸，象征一年 12 个月；四蹄象征四季；柳条象征春天。泥牛肚子里，还会放置五谷杂粮，鞭牛过后，百姓就将五谷均分，而泥牛身上的泥土则被大家拿回家埋在地里，象征五谷丰登、六畜兴旺，也充分表达了农民对农时、农具、农耕的重视。所以《礼记》中记载，立春后，天子还要发布农事命令，并派遣农官传授农耕知识。

挂春幡、剪春胜

“春牛春杖，无限春风来海上。便与春工，染得桃红似肉红。春幡春胜，一阵春风吹酒醒。不似天涯，卷起杨花似雪花。”这是苏轼描写“立春”风俗的有名诗词。春幡是一种旗帜，汉代多挂在树枝上，作为春天已经来到的象征。到宋代又剪彩绸做成小幡插在头上，成了头上戴的装饰品，叫作春胜。皇帝在立春日，也要按等级赏赐郎官、御史等人用绫罗制成的春幡、春胜，赏赐宰执、亲王等高官金银幡胜。百官进宫贺春一结束，就戴着幡胜回府，以致形成了“彩胜飘扬百辟冠”的盛况，充分体现人们爱春、惜春、怜春的美好心情。

拜媒神

立春后，春日暖阳，大地返青，万物复苏。《礼记》上记载：这个月，也是玄鸟（燕子）飞回来的时候，天子要准备牛、羊、猪三牲，亲自献祭，礼拜于尊贵的媒神。媒神是主管婚姻及生育之神。祭祀吉日，天子亲自参加，王后率领众嫔妃及全体女眷同往，将弓箭插进弓套内，献给媒神，希望生育阳刚强健的男孩，并且要向怀孕的女眷恭敬地行礼。春天，是收获爱情的季节，是生育万物的季节，是春意盎然、春风化雨、春色撩人的美好时节。

报春

立春这天，民间有报春的礼俗。报春是指立春这天，由一个人敲着小锣鼓，吟唱着迎春的赞词，挨家挨户送上一张春牛图。送春牛图，意在提醒人们，一年之计在于春，要抓紧农耕，莫误大好时光。

咬春

每年立春日，中国民间有咬春的礼俗，如吃春卷、春饼、萝卜等。咬春的礼俗，既是人们对“一年之计在于春”的美好祝愿，也是对美好生活的期盼。

拜句芒神

立春时，民间有拜句芒神的礼俗。句芒神为春神，即草木之神，主管农事之神，象征着春天的到来和万物的滋生。这种祭祀行为是为了祈求农业的丰收。

清明

扫墓祭祖

清明

清明节，又称踏青节，在仲春与暮春之交，是中国传统节日之一，也是最重要的祭祀节日之一，是祭祖和扫墓的日子。清明节大约始于周代，距今已有两千五百多年的历史。清明节的名称与此时天气物候的特点有关，《岁时百问》上说：『万物生长此时，皆清洁而明净，故谓之清明。』

送陈秀才还沙上省墓

明·高启

满衣血泪与尘埃，
乱后还乡亦可哀。
风雨梨花寒食过，
几家坟上子孙来？

扫墓祭祖

扫墓、祭祖，是清明节的重要礼仪之一。慎终追远，是中国人的文化传统，人们过节时，更要祭拜先人亡魂，不忘他们的恩德。在古代，扫墓、祭祖多在“寒食节”举行，白居易有诗句说：“乌啼鹊噪昏乔木，清明寒食谁家哭。”就是描写清明、寒食的情形。由于寒食与清明的时间特别接近，后世就合并在一起。这天，上至天子，下至平民，都十分重视祭祖扫墓的传统礼仪。平时祭祀礼仪在宗庙进行，只有清明时节，先洒扫墓地，再举行祭祀仪式。扫墓是在安葬先人的墓地，先剪除墓地周围的杂草，修整陵墓容貌。洒扫以后，再铺上席子，摆上祭品，行祭拜之礼。又在坟墓的左边清理出一块土地，用来祭祀土地神。然后为坟墓添上新土，栽上新树，以表达对先人的崇敬、关怀、哀思之情，同时也深深体现了“香火不断”、后继有人与“事死如生”的孝道精神。

踏青游春

由于上坟扫墓需要到郊外野地，所以在祭祖之余，欣赏明媚春光，散步青青原野，感怀四时变化，陶醉山川秀美，也算是节哀顺变、转换心情的一种生活智慧。清明节又被称为踏青节，踏青、游春、赏花、放风筝、荡秋千等活动，已成为此时人们的生活写照，沉闷、收敛了一个冬天的人们，也急需活动活动筋骨，与自然同拍共舞，让精神得以生发、释放、飞扬，饱览天地之灵秀，吸收日月之精华，这也充分反映了中国人“天人合一”的生活哲学。

清明

唐·杜牧

清明时节雨纷纷，
路上行人欲断魂。
借问酒家何处有？
牧童遥指杏花村。

清明戴柳

清明戴柳，在今日农村仍很普遍。这一天，大人、小孩儿常常把柔软的柳条编成圆环，戴在头上；或者将娇嫩的柳枝结成花朵，插在头上。据《齐民要术》载：“取杨柳枝插门户上，百鬼不敢入家门。”清明既是鬼节，又是柳条发芽之时，人们便以插柳、戴柳为俗，有辟邪之功。“清明不戴柳，红颜成皓首。”柳者，留也！清明戴柳，也有挽留青春年华之义。所以，很多地区有妇女清明戴柳、祈愿红颜永驻的习俗，表现了人们对青春年华的珍惜与留恋。

此外，清明戴柳的习俗，也是为了纪念介子推。介子推，忠义清廉之士，为明志守节而焚身于大柳树下，晋文公痛心不已。来年寒食节，晋文公率群臣来大柳树下祭拜介子推，发现枯柳死而复生。为此，晋文公为老柳树赐名“清明柳”，并折下几枝柳条戴在头上，以示怀念之情。此后，晋国百姓纷纷效仿，遂成清明插柳、戴柳之风。这充分表达了中国人对高节之士的崇敬之情。

端午

保民敬贤

每年农历五月初五为端午节。古人纪年按天干地支顺序推算，农历的正月为寅月，按地支『子、丑、寅、卯、辰、巳、午、未、申、酉、戌、亥』顺序，第五个月正是『午月』，午时为『阳辰』，所以称端午节，又称端阳节，是中国传统节日之一，历来受到人们的重视。端午礼俗向来都是以辟邪、辟瘟、保健为目的，后来又增加了纪念先贤屈原的主题。因此，端午节也就蕴含了更为丰富的礼仪文化内涵。

悬挂艾叶

古人认为，五月五日为恶月、恶日，有“不举五月子”之俗，即五月五日所生的婴儿，难以抚养成人，甚至妨碍父母健康。此俗在汉人王充的《论衡》中有明确记载：“讳举五月子杀父与母，不得举也。”东晋大将王镇恶生于五月初五，他的爷爷便给他取名“镇恶”。宋徽宗赵佶生于五月初五，从小就寄养在宫外。所以在此日，民间家家户户悬艾叶、菖蒲、榴花、蒜头等，制成人形、虎形称为艾人、艾虎，制成花环、佩饰，美丽芬芳，妇人争相佩戴，用以驱瘴；又有喝雄黄酒以避疫的习俗。艾叶可驱蚊蝇、虫蚁，净化空气，有理气血、暖子宫、祛寒湿的功能；菖蒲有提神通窍、健骨消滞、杀虫灭菌的药效。这些活动是古人健康卫生、保健养生的行为，反映了中华民族的优良传统。

饮雄黄酒

“五月五，雄黄烧酒过端午。”端午节这天，民间有饮雄黄酒的习俗，并把雄黄酒涂在小孩儿的耳、鼻、额头、手、足等处，能够使孩子们不受蛇虫的伤害，或在孩子额头书写“王”字，有猛虎之风，能驱妖辟邪。民间还将喝剩的雄黄酒，喷洒房屋壁角阴暗处，可以镇宅辟邪。其实，端午时节前后，天气炎热，蝇虫飞动，毒气上升，疫病流行。人吃五谷杂粮，自然生发百病。而病从口入，多为邪杂之气，经口鼻传播。所以，饮雄黄酒能起到驱邪解毒、除腐杀虫、消菌防病的保健作用。

赛龙舟

端午节赛龙舟，是端午节的重要习俗，在中国南方地区普遍存在，在北方地区则以划旱船赛龙舟的形式出现。端午节赛龙舟，是古越族人祭水神的一种祭祀活动，有四五千年的历史。后来，端午节赛龙舟又是为了纪念爱国诗人屈原而兴起的。传说屈原投江自杀后，楚国百姓哀痛不已，纷纷拥到汨罗江边去悼念屈原。渔民们更是划起船舟，到江上打捞他的尸体，直追到洞庭湖仍不

和端午

宋·张耒

竞渡深悲千载冤，
忠魂一去讵能还。
国亡身殒今何有，
只留离骚在世间。

见踪迹。以后每年端午节，老百姓就以划龙船、赛龙舟的活动，以示对屈原爱国精神的纪念。在湖南汨罗市，赛龙舟必先前往屈子祠举行庄严的祭祀仪式。由此可见，赛龙舟不仅是一种体育娱乐活动，更体现了国人对圣贤之士的推崇及敬爱之情。

斗草游戏

斗草又称斗百草，是中国民间流行的一种游戏，属于端午民俗。古代人民生活单调，闲暇之余，常以斗草、斗虫、斗兽等游戏自娱。斗草游戏传说是“神农尝百草”时留下的，特别是端午节时，更是必不可少的娱乐节目。因为端午节人们有集体到郊外采药，插艾叶、菖蒲于门上，以解毒防暑防疫的习俗。而收获归来之余，往往要举行比赛，互报花名、草名，多者为赢，兼具植物知识、文学知识之妙趣，此为文斗。儿童则以草茎相交结，两人各持己端向后拉扯，以断者为输，此为武斗。“牛儿小，牛女少，抛牛沙上斗百草。”这是贯休的诗句，描写的就是孩子们欢快地斗草的情景。

吃粽子

“粽子香，香厨房。艾叶香，香满堂。桃枝插在大门上，出门一望麦儿黄。这儿端阳，那儿端阳，处处都端阳。”这是民间流传的描写过端午节的一首民谣。传说吃粽子的习俗也与屈原有关。爱国诗人屈原投江后，为了不让鱼虾吃他的躯体，老百姓纷纷用竹筒装米投入江中。以后每逢端午节，老百姓便把其投江祭奠，这就是我国最早的粽子——“筒粽”的由来。后来，人们又把糯米煮熟，再用艾叶、苇叶或荷叶包扎，并用五色丝线捆好，投入江中祭祀。晋代时，粽子被正式定为端午节食品。如今的粽子更是花样繁多、璀璨纷呈，除糯米粽外，还有桂圆粽、水晶粽、莲蓉粽、蜜饯粽、板栗粽、酸菜粽、火腿粽等。

谢师礼

端午节又叫“谢师节”，是中国古代传统的教师节。古时，学生跟随老师学习，徒弟跟随师傅学艺，通常都是学习“三年零一节”才毕业，这个“节”就是指的端午节。在出师时，弟子在端午节一定要摆谢师宴，以谢恩师之礼，还要给老师敬奉礼包，礼包上书写“节敬”二字，以示对老师传道授业的感恩之情，代表中国人尊师敬长、知恩报恩的文化传统。

七夕

温馨浪漫

七夕

七夕节，又称女儿节、乞巧节，来源于对自然的崇敬，是中国传统节日中最具浪漫色彩的节日，也是一个以女性为主题的节日。七夕之日，女子欢天喜地去拜会密友、祭拜织女、切磋女红、乞巧祈福，因此七夕又称『女儿节』。七夕节以牛郎织女的民间传说为载体，表达的是男女之间不离不弃、白头偕老的爱情诺言，体现了中国人从一而终的爱情观与价值观。『七月七日长生殿，夜半无人私语时。在天愿作比翼鸟，在地愿为连理枝。』随着时间演变，七夕已成为中国人的爱情节。

乞巧

唐·林杰

七夕今宵看碧霄，
牵牛织女渡河桥。
家家乞巧望秋月，
穿尽红丝几万条。

祭拜织女

七夕，民间有坐看牵牛织女星的习俗。“纤云弄巧，飞星传恨，银汉迢迢暗度。金风玉露一相逢，便胜却人间无数。”相传，在七夕之夜，是天上织女与牛郎在银河鹊桥相会之时。人们在瓜果架下，就能听到两人的窃窃私语、脉脉情话。而古代男女，内外有别，女子有针线女红之事，又有相夫教子、操持家务之责。因此，每逢七夕，少女们都会在这个充满浪漫气息的晚上，对着朗朗明月，摆上时令瓜果、酒食供品等，朝着织女星祭拜，乞求神女能赋予自己聪明与智慧，让自己心灵手巧，更祈祷上天赐予良缘，让自己的爱情美满、婚姻幸福。

观云乞巧

“天皇皇，地皇皇，俺请七姐下天堂。不图你的针，不图你的线，光学你的七十二样好手段。”这是中国七夕民谣，深刻反映了少女们的心愿。而观云乞巧也是七夕的乞巧习俗之一，又称“观巧云”。七夕前，先在开阔处搭建楼台，并以五彩丝带装饰。七夕节这天，少女们登高拜仙，观云乞巧。观云乞巧主要是观云彩形状，看云彩的形状像什么，如云彩像龙、凤、鹿、兔、花、草、房子等，以此来断定谁乞得了巧。有的地区，少女搭结彩楼，用黄铜制成七孔针，以五色细线对明月穿针引线，过者谓之得巧。

为牛庆生

牛是农民耕田拉车的重要牲口，也是农民最亲密的伙伴。而七夕之日，民间有采摘野花挂在牛角上的习俗，称为“为牛庆生”。传说天帝把织女带回天庭后，牛郎就再也见不到自己的爱妻了。老牛为了帮助牛郎与织女相会，就让牛郎把它的皮剥下来，然后披上牛皮就能飞升上天，去天庭找自己的爱人。“横眉冷对千夫指，俯首甘为孺子牛。”后人为了纪念老牛舍己为人的牺牲精神，便在七夕“为牛庆生”，这也充分体现了中国人知恩图报的美德。

中秋

祭月赏月

中秋

中秋节，是传统节日中仅次于春节的第二大节日。根据农历，一年有四季，每季又分为孟、仲、季三个月，因此中秋又称仲秋。八月时节，天高云淡，空气清爽，此时月亮看起来更圆、更明亮，所以中秋又称『月夕』『八月节』。是夜，人们仰望天空中如玉盘的朗朗明月，月圆人也圆，自然期盼与家人团圆。而远方的游子，更借此圆圆明月寄托自己对故乡和亲人的思念之情。所以，中秋又称『团圆节』。作为中国的传统节日，很多习俗礼仪反映了中国人的价值观。

望月怀远

唐·张九龄

海上生明月，
天涯共此时。
情人怨遥夜，
竟夕起相思。
灭烛怜光满，
披衣觉露滋。
不堪盈手赠，
还寝梦佳期。

祭月拜月

中秋在我国是一个很古老的传统节日，它最早源于对月亮的崇敬。《礼记》早有记载：“天子春朝日，秋夕月。朝日之朝，夕月之夕。”这里的“夕月之夕”，指的正是秋分夜祭祀月亮的情景。所以，逢此时就要举行祭月仪式。而秋分多在中秋前后，民间多合而祭之。中秋之夜，家人欢聚一堂，设祭在朗朗明月之下，以月饼、西瓜、苹果、红枣、祭酒等作为祭祀供品，其中月饼和西瓜是不能少的，象征团圆甜蜜之美。海上生明月，天涯共此时。当明月冉冉升起之时，女主人先将月神嫦娥像放在东方月出之位，然后红烛高燃，率家中女眷依次焚香礼拜月亮。按中国哲学讲，月为阴、为女、为柔，日为阳、为男、为刚，所以古代有女拜月、男拜日的传统，祭拜月亮是女人的事情，男性是不参加的，否则有违礼仪，这也是男女有别的文化传统。

赏月玩月

在古代，中秋赏月、玩月颇为盛行。由于中秋时节，正值秋收黄金之际，自古以来，人们便在这个季节载歌载舞、喜气洋洋地庆祝丰收。而此时又恰逢佳节，天清气爽，明月如环，清洁如镜，团圆、美满、如意、吉祥油然而生。所以，当明月高照，清风徐来，虫声唧唧之时，全家人幸福地团聚一堂，怎不令人欢喜陶醉呢？于是，饮酒作诗，赏月游玩，共贺佳节。中秋之夜的赏月玩月，把中秋推向一个高潮。明月出天山，苍茫云海间。在皎洁的月光下，人们衣着华美，三五结伴，行走在明月之中，或登楼观赏月华，或静坐把玩月光，或对月独酌对舞，或临川捞月笑谈，通宵达旦，赏玩不衰。“皎皎秋月八月圆，嫦娥端正桂枝鲜。一年无似如今夜，十二峰前看不眠。”徐凝的这首诗描写的正是这样的诗情画意。

吃月饼

俗话说：“八月十五月正圆，中秋月饼香又甜。”中秋节，人们在赏月的同时，还要吃月饼。月饼，最初是礼祭月亮的祭品，后来人们逐渐把中秋赏月与品尝月饼，作为合家团圆的一大象征，成为中秋佳节的必备礼品。所以，月饼也被称作“团圆饼”，形状如圆圆的月亮，月饼馅可谓百花齐放，但以香甜可口为主，寄托着人们的美好愿望，体现了中国人对生活，特别是团团圆圆、甜甜蜜蜜生活由衷的向往和礼赞。

嫦娥奔月

传说远古有一日，天上突然出现了十个太阳，把大地都烤焦了，老百姓都无法生活了。有位神箭手叫后羿，他登上昆仑山顶，运用神力拉开神弓，一口气射下九个太阳，世界又太平了。王母娘娘听说后羿为民除害之事，很赞赏他，就赐他一颗仙丹，并告诉吃了这颗仙丹就能长生不老、飞天为仙。后羿不愿自己飞天成仙，他舍不得撇下爱妻嫦娥。所以，他就把仙丹交给嫦娥珍藏。

不料二人的谈话，被后羿的徒弟逄蒙听到了。一天，他趁后羿外出狩猎，就手持利剑，逼嫦娥交出仙丹。嫦娥情急之下，就一口吞下肚里。吞下仙丹后，嫦娥突然感觉自己的身体轻轻飘起。她惊慌失措，就抓了一只白兔飞向离人间最近的月亮。傍晚，后羿归来，听说此事后又惊又怒，提剑就去找恶徒，但逄蒙早就逃跑了。失去爱妻的后羿，气得抱头痛哭。他仰望夜空，一遍遍呼唤爱妻的名字。突然，他发现月亮中有个婀娜多姿的身影，很像嫦娥。于是，他立即派人到后花园里，摆上嫦娥平时最爱吃的鲜果和月饼，遥祭月宫里的爱妻。

百姓们听说此事后，也纷纷在月下祭拜，祈求嫦娥吉祥平安。从此，民间就有了中秋节拜月祭月的习俗。

重阳

尊老敬老

农历九月九日，是我国传统的重阳节，又名重九节、登高节、菊花节。九是最大的阳数，九月九日，日月并阳，两阳相重，两九相叠，故名『重阳』，又名『重九』。由于『九九』谐音为『久久』，有天长地久、久久长寿之意，所以古人常在此日祭祖与举行尊老敬老活动。庆祝重阳节的活动主要有登高望远、观菊赏花、佩戴茱萸、吃重阳糕、饮菊花酒等。

九月九日忆山东兄弟

唐·王维

独在异乡为异客，
每逢佳节倍思亲。
遥知兄弟登高处，
遍插茱萸少一人。

祭祖敬老

清明、中元、重阳、除夕，是我国传统节日里祭祖的四大节日。重阳属于春夏秋冬四季中的秋祭，又称“尝祭”，供品用时令五谷果蔬。秋风凉，雁南归，时令如此，人亦如此。所以，祭祀祖宗，准备换季物品，自然是少不了的事情。人生一世，草生一秋。悼念先人的同时，更要善待、孝敬现在的老人。重阳节时，既是五谷飘香、硕果累累的之时，又是红叶尽染、黄叶飘飘的深秋之时。所以，重阳节又称老人节。“九”“久”同音，寓意生命长久、健康长寿，恭敬地对待年高德劭、已进入暮年的老年人。重阳的一切礼俗，也都为此而展开。

饮菊花酒

民谣曰:“菊花黄，黄种强; 菊花香，黄种康; 九月九，饮菊酒，人共菊花醉重阳。”按照中国传统节日习俗，重阳节要饮菊花酒。在菊花舒展开时，把菊花的茎叶和黍米放一起蒸熟、发酵酿成的低度甜酒。因“菊酒”跟“久久”“九九”谐音，菊花又是长寿之花，生命力特别旺盛，具有清凉降火、养肝明目、疏风健脑、延缓衰老等功效。所以，从节气、健康、精神等多个层面来看，在重阳节礼敬老人菊花酒，是非常适合的。

观菊赏花

重阳节历来有赏菊花的习俗。菊花被誉为花中四君子之一，其经历风霜、傲然刚强的气质总令人敬佩，又被封为“花中隐士”。古人视赏菊、咏菊乃至喝菊花酒为一种修身养性的闲情雅事，这也是“重阳赏菊”得以传承并发展下来的重要原因，让菊花成为重阳节不可或缺的角色。因此，重阳节又称“菊花节”，很多地方都要举行赏菊大会，并形成倾城出动、有菊共赏的盛况。所以，每到重阳节，家家户户都以菊花迎客，以示敬意与君子之风。

登高望远

重阳节又称“登高节”，有登高望远的习俗。金秋九月，天高气爽，这个季节登高望远可使人心旷神怡，达到健身祛病的目的。况且，过了金秋九月，天气逐渐转凉，草木慢慢凋谢，进入肃杀的初冬了。所以重阳登高又有“辞青”的特殊情感。《礼记·祭法》记载：“山林川谷丘陵，能出云，为风雨，见怪物，皆曰神。”上古之人生存环境艰苦，多依靠山中采集或狩猎谋生，与大山有着特殊的情感。而山上经常云雾缭绕，是传说中呼风唤雨、变化多端的神仙所居住的地方。因此，古人对高山既敬畏又充满崇拜，而“登山祈福”自然也成为民众的传统习俗。

吃重阳糕

重阳糕又称花糕、菊糕、发糕、五色糕等，是我国传统的节日糕点，是重阳节的重要节物和礼品。重阳糕的做法极讲究，选优质糯米做原料，用清水淘洗后浸泡两小时，捞出沥干，掺水磨成稀浆，再加入红糖汁搅拌均匀，置于蒸锅上，铺上洁净炊布，然后分九层重叠，像一座宝塔，上面做成两只小羊，以符合重阳（羊）之义。蒸熟立即出锅，可以揭开，切成菱角状，四边层次分明，呈半透明体，食之甜软适口，又不粘牙，堪称重阳敬老的最佳礼品。

佩戴茱萸

茱萸香味浓，有驱虫祛湿、逐风邪的作用。民间认为九月初九是逢凶之日，多灾多难，所以在重阳人们喜欢佩戴茱萸以避邪求吉。茱萸或佩戴于手臂，或做香袋，或插在头上。

小年

祭灶

小年

过去，家家户户厨房都设有『灶王爷』神位，人称这位灶王爷为『灶君司命』。传说他是由玉皇大帝派到民间，负责管理各家灶火的，因此被作为一家的保护神而受到崇拜。祭灶在中国起源甚早，在夏朝时就有记载。『祭灶』最初称为『纪灶』，是纪念生火、吃熟食的先贤。由于火的发明，人们才告别茹毛饮血的野蛮时代，过渡到吃熟食、喝开水的文明生活。所以，无论贫富贵贱之人，对灶神的祭祀都是十分虔诚的，这也是对发明火及熟食制造者的深深感恩之情。

祭灶

宋·吕蒙正

一碗清汤诗一篇，
灶君今日上青天。
玉皇若问人间事，
乱世文章不值钱。

祭灶

二十三日去，初一五更来。农历腊月二十三（南方二十四）这一天，是民间祭灶的日子，俗称“过小年”。为了让灶王爷“上天言好事，下界保平安”，人们往往把灶王爷的嘴用麦芽糖粘住，让它上天不能乱说话；有的用酒糟涂抹灶门，这叫“醉司令”，使得灶神喝醉，上天不能乱说话。由此可以看出，灶王爷是一位非常亲民的神仙，老百姓也敢拿他开玩笑。而祭祀灶神时，由家中的男主人主持，因为民间有“男不拜月，女不祭灶”的说法，以示男女授受不亲。祭灶仪式多在晚上举行。祭灶时除上香、送酒以外，还要为灶君坐骑撒马料，要从灶台前一直撒到厨房门外。祭灶仪式结束后，要把旧的灶王神像及灶联揭下，到除夕晚上再换上新请来的灶王神像和灶联，以示辞旧迎新。

年事准备

过了祭灶节后，就要准备年事，置办各种年货了。民谣曰：二十三，祭灶君；二十四，扫房子；二十五，磨豆腐；二十六，买酒肉；二十七，要剃头；二十八，买花衣；二十九，装香炉（准备祭祖）；大年三十包饺子，贴对联、年画；大年初一忙作揖。古人说：“凡事预则立，不预则废。”

年事准备也是如此，人们在有条不紊、从容不迫中揭开了大年的前奏或序曲，带着温情、眷恋和敬意，挥手告别那悠悠岁月，又以崭新的、开放的、乐观的心态，迎来了喜气洋洋、热情奔放、春意盎然的新的一年。

大扫除

祭灶后一天，家家户户就要安排大扫除了，俗称“扫年”。旧时，在家庭大清扫之前，还要查看黄历，挑一个黄道吉日，以示吉祥和郑重。房内、房顶、墙壁、窗户、衣箱、橱柜、庭院、厕所、牛棚、鸡圈等内外之地，都要打扫得干干净净，不留一丝尘埃，这是对迎接新年的恭敬之情，也是对环境卫生、身体健康的极大维护，更体现一个人的精神新面貌。恭敬、洁净是修身的开始，也是礼仪的基本常识。

沐浴理发

中国民间有“有钱没钱，剃头过年”的说法。而沐浴理发的活动，多集中在灶王节前后进行。

大扫除

附录 节日传说

过年挂灯笼的传说

姜子牙辅佐武王伐纣（zhòu）后，主持封神榜，给天下神仙重新排位。姜子牙是个先人后己的人，他把好的位置都封给了别人，只留个夜游打更的职位给自己。就在他准备收工的时候，忽然听到有人喊他的名字。

姜子牙循声看去，发现是一个小脸颊、红肩膀的小鬼。小鬼哭诉道："我是南方的山神，听说武王伐纣，就赶来帮忙，没想到走在路上生了一场大病，仗还没打，就死掉了。您的封神榜上也没有我的名字，难道我要成孤魂野鬼了吗？"小鬼越哭越凄惨，声泪俱下，眼泪和鼻涕横流。

姜子牙看到他可怜的模样，心中不忍，便将夜游神的位置让给了他。小鬼千恩万谢，欢喜离去，姜子牙却无处可去，到了大年三十，只能一个人孤零零地蹲在路边挨冻。路边的人家见他可怜，就在高杆头点一盏灯，让他在灯下蹲了一夜。

姜子牙的儿子远在东方的齐国，知道了父亲的遭遇，十分痛心，便每天用高杆挑着灯，挂在门口，以召唤父亲回来。后来老百姓看到了这一做法，也学着挂起灯笼来，希望自己祖先的灵魂也能找到家，也有落脚安息之处。

“年”兽的传说

春节为何又叫“过年”呢？这可要从一只怪兽说起。

传说很久很久以前，有头叫“年”的怪兽，非常凶残，头上长着锋利的角，爪子比钢铁还坚硬，血盆大口一下可以咬死老虎、狮子，天下没有它不吃的东西，也没有不怕它的人。

年兽住在大山里，山里的野兽被它吃得精光，它便跑到村子里来觅食，开始吃些牛羊，后来竟吃起了人。人们斗又斗不过，跑又跑不掉，只能听天由命。所以，大家每到年兽出现的日子就战战兢（jīng）兢，提心吊胆，称之为“过年关”。要是没被年兽吃了，一家人就吃顿大餐，表示又躲过一劫。

有一次，大家算着年兽快出现了，村子里的人都哭丧着脸，躲在家中。这时，来了个白头发、白胡子的老头儿，他见村里一片萧条死寂，便挨家挨户地把门敲开来问：“你们村子这是出了什么事情啊？”村民们就向他讲起了年兽的事，劝他赶快离开。

老人摇摇头，说：“有了恶兽，大家就要团结起来，和它对抗啊，怎么能坐以待毙呢？”

村民都说：“你这老头儿，真是不知厉害，你没见过那年兽有多大，它一口就吞下一个人，一跃就跳三丈高，人怎么能斗得过它？”

老人笑道：“再强大的东西也有弱点，只要动脑子，人定胜过天，更何况是一个畜生呢？”

村民见老头儿言语不凡，提起精神，恭敬地问：“那您又有什么计策？”

老头儿说：“我从前听说过这畜生，它也是外强中干，别看个头大，其实胆子小得很！它有三样天敌，红色、火光和炸响声！赶快去准备吧，是等着被年兽吃，还是把它赶走，就看你们自己了！”

老人说完，竟消失不见了！村民们知道这是神仙来点拨、搭救他们，立刻振奋起来，大家找红纸的找红纸，做爆竹的做爆竹……

等大家都准备得差不多了，年兽也呼啸着从深山里跑出来了。它闯入村子，忽然发现气氛和以往不同，以前悄无声息的围墙后，仿佛有人在窃窃私语，紧闭门窗的房屋里，似乎也有幢幢人影。年兽刚要冲过去，却见村民家的大门上，都贴上了刺目的大红纸，让它望而生畏。它正在犹豫是否离开，忽然噼里啪啦的爆竹声从四面八方响了起来，伴着火光冲上天空。年兽被吓得直打哆嗦，再也不敢停留，转头撒腿就跑。

村民们从家里出来，看到像受惊的兔子一样落荒而逃的年兽，开心得哈哈大笑。

自此以后，人们再也不怕年兽了，每到这天大家就贴红纸、燃烟花、放爆竹，当然聚在一起吃年夜饭的风俗也保留了下来。因为最初年夜饭有凶吉未卜的意味，所以人们在吃饭前都要祭祀祖先求得佑护。此外，第二天一大早，大家还要互相拜年，庆祝熬过了年关，祝福彼此永远安康。

药王菩萨赐汤圆

腊月二十三，灶王爷上天，玉帝问：“天下百姓过得都怎么样啊？”

灶王回答：“老百姓诚实善良，敬神敬佛，就是有一点，他们成天劳作，一年到头也不歇息。”

“这可不行！”玉帝说，“张而不弛，久劳则弊（bì）。这样下去哪能受得了？得让他们歇一歇。”

药王菩萨听了，说：“这好办！我有一种仙药，将其滴在水中，人们喝了这水，就休息啦！”

于是，玉帝派药王菩萨下凡，让他在人们喝的水中都滴入了仙药。老百姓喝了这水，药性大发：一个个丢下手里活，到处吃喝玩乐；今天东家请客，明天西家设宴；白天舞龙舞狮，晚上观灯观火……

到了正月十三，灶王爷慌忙跑到天上，汇报说：“不得了了，不得了了，天下老百姓都玩疯了，什么活也不干，天天吃喝玩乐……”

这可怎么办呢？玉帝愁得皱起眉头。药王菩萨尴（gān）尬（gà）地说：“解铃尚须系铃人，还是交给我吧！”

于是，正月十五那天，他又来到人间，将老百姓的夜餐都变成了汤圆，汤圆里面混了芝麻、核桃、白糖等，这些食物都是药王菩萨用的“清醒剂”。老百姓吃了，一个个都清醒过来，第二天病全都好啦。大家又开始干活，恢复了男耕女织的往日劳作。

就这样，正月十五吃汤圆也就形成了风俗。它寓意着，老百姓在一整年里劳逸结合，生活圆满。

东方朔与元宵姑娘

汉武帝时，朝中有个绝顶聪明的大臣，名叫东方朔。东方朔不仅知识渊博，还诙谐善辩，他常常用讲故事、说笑话的方式劝谏汉武帝，老百姓都很敬佩他。

有一年，京城下着大雪，御花园里梅花盛开，汉武帝召群臣前去赏花。东方朔刚刚入宫，就听到有哭声传来，他循着声音走过去，看到有个泪流满面的宫女正要投井。东方朔连忙上前搭救，并询问宫女为何自杀。

宫女哭着说，自己叫元宵，家里还有双亲和一个妹妹，自从进宫以后就再没听过家人的消息。如今天气这么寒冷，也不知道父母和妹妹怎么样了，又想到宫门深似海，恐怕再也没机会回家尽孝了，不如一死了之。东方朔听完她的遭遇，深感同情，他劝元宵姑娘再等等，自己保证帮她实现回家的愿望。

赏花回去之后，东方朔便在长安街上摆了个占卜摊。不少人前来向他求卦，但每个人的卦辞都是一样的“正月十六火焚身”。得卦的人都十分惊慌，忙向东方朔请教解灾之法。东方朔掐着手指算了半天，神秘兮兮地对他们说：“天机不可泄露，你们要想知道真相，不如去城南火神庙看一番。”人们听了，拥簇着去了火神庙，只见火神庙的墙壁上，不知被谁用朱砂写了几行大字：“长安有劫，火焚帝阙；正月十六，焰红宵夜。”

一时间传言四起，人们都说长安城要遭大火。不久，汉武帝也听闻了这事，他不知道该怎么做，只好把足智多谋的东方朔叫来，向他请教解决的办法。东方朔摇头晃脑，沉思半晌，忽然拍着大腿说：“火神君最爱吃汤圆了，您让宫中的宫女做好汤圆，再让她们亲自端到火神庙去祭神，火神一高兴，长安城不就保住了吗！”

汉武帝于是下令让所有宫女都煮汤圆，正月十五那天晚上端着汤圆，排队去火神庙上供。这些宫女长年累月不能回家，亲人们听说十五那天宫女出宫，纷纷前去探望，整条路上都是亲人相见呼喊哭泣的声音，而“元宵！元宵”的呼声最为催人泪下——那是元宵的父母和妹妹在呼喊她。

汉武帝本来想去火神庙祭祀，路上看到了宫女与家人相见的一幕深受震动，他顿时就明白这整件事都是东方朔安排的，感慨道：“即便灾难降临，也是我有过错啊！和祭不祭神有什么关系呢？”于是，当即下令将汤圆送给城里的老百姓吃，又让想回家的宫女回去和亲人团聚，而且以后每年正月十五都会给宫里当差的人放假。

因为这事儿由元宵而起，那天她父母呼喊“元宵”的声音又最大，所以人们就将汤圆称作了元宵，把正月十五定为元宵节。

寒食节的传说

作为祭祀节日的清明，其起源和寒食节有直接关系。寒食节距今已有 2600 多年的历史，在这天人们不生火煮饭，只吃冷食。关于寒食节，民间流传着这样一个故事：

春秋之时，晋国发生了内乱，国君晋献公在宠妃骊（lí）姬的蛊惑之下，逼死了太子申生，又要追害其他的公子。其中，有一个公子叫重耳，他很有才能，身边聚集了一大群贤士。重耳害怕被杀，便逃出了晋国，去国外流亡。开始流亡的时候，有很多人跟随着他，但日子越来越艰苦，跟随的人也越来越少，到了最后只剩下十来个最忠心的人，介子推就是其中之一。

重耳长得貌不惊人，很多诸侯都看不起他，故意冷落他们，不给他们吃的。他们带的粮食越来越少，大家四处寻找食物，常常饿着肚子行走。

有一次，实在找不到吃的，重耳饿得晕了过去，大家都束手无策。这时，介子推说他能找来食物，便一个人离开了。过了很久，他才慢慢回来，手里拿着一块肉。大家都已经饿得眼冒金星了，也顾不上问肉的来源，便生火煮了一锅肉汤。重耳吃完肉汤，慢慢苏醒过来，大家才松了一口气。

队伍继续前行，介子推总是落在后面，大家很奇怪，有人说：“介子推走得这么慢，是不是藏起来什么吃的了？”众人回头望去，却看到介子推倒在了地上，大家连忙跑过去，发现介子推的腿在流血——原来，那块肉是他从自己腿上割下来的。怀疑介子推的人羞愧不已。

重耳知道介子推割肉救自己后，看着他的伤口感动得流下了泪水。

他们在国外流浪了整整 19 年，历尽艰难，终于在秦国的帮助下，回到晋国，重耳做了国君，这就是“春秋五霸”之一的晋文公。晋文公主政后，广施恩惠于百姓，同时封赏流亡时的跟随者及有功大臣，却遗漏了介子推。介子推觉得为君王分忧是臣子的本分，但想到自己追随君主流亡十几年，却被遗忘在一旁，不免有些伤心。他的母亲了解儿子的心事，对他说：“既然你看不上高官厚禄，又何必留在这里！”于是介子推带着老母亲离开国都，到老家隐居了。

后来，有一同流亡的人为介子推鸣不平，晋文公这才想到自己的失误，连忙派人去接介子推。介子推十分看重自己的名节，他认为要是现在回去做官，自己岂不成了贪财恋位，为赏赐而奔走的俗人，遂坚辞不受。使者来得多了，介子推便带母亲躲到了深山里。

晋文公太想弥补自己的过错了，亲自带人到山中寻找介子推母子。介子推躲避起来不肯相见，这时有人出了个馊主意——放火烧山，逼介子推出来。晋文公情急之下，下令从三面放火，只留自己这面出口，准备好酒食等待介子推母子。

没想到，大火烧了三天三夜，酒食换了好几桌，介子推也没出来。火熄之后，晋文公派人上山寻找，却发现介子推和他的老母亲抱着一棵大柳树烧死在了那里——他宁愿死，也不愿玷污自己的名节。人们在介子推的怀中，发现一片衣襟，上面写着一首血诗：

割肉奉君尽丹心，但愿主公长清明。
柳下做鬼终不见，强似伴君做谏臣。
倘若主公心有我，忆我之时常自省。
臣在九泉心无愧，勤政清明复清明。

晋文公追悔莫及，痛哭一场，下令将介子推母子厚葬，并将他们被烧死的绵山改名为“介山”。那棵介子推临死之时抱着的大柳树，也被晋文公叫人砍了回去，他用这棵树的木头做成木屐，穿在脚上。

每当走路，听到木屐吱吱的声音，晋文公就会想起介子推。他哀伤介子推的遭遇，常发出“悲哉足下”的感慨。后来，“足下”便成了人们对值得尊重之人的称呼。

晋文公称霸以后，又想起了介子推，便下令把放火烧山的那天定为节日，这天全国禁止烟火，只吃寒食。于是，老百姓便在寒食节的前一天做好蒸饼，蒸熟以后留作第二天用，既能食用充饥，也用来供奉介子推。

端午节的传说

屈原是历史上伟大的爱国诗人，他写的《离骚》是中国文学史上的不朽之作，但他的平生遭遇却十分坎坷。他是楚国人，在楚怀王时任三闾（lǘ）大夫。开始的时候，楚怀王很信任屈原，还让屈原制定国家法令，但因为小人挑拨离间，渐渐疏远了他。

那时候，天下最强大的国家是秦国，秦国一直想侵略楚国，但楚国和齐国结盟，秦国无机可乘。秦国的丞相张仪是天下有名的辩士，受秦王的委托前来游说，他对楚怀王说：“秦王最佩服的人就是楚王您，最厌恶的国家就是齐国。秦国多次想要攻打齐国，都是看在楚王的面子上才没有发兵，如今齐国越来越无礼，希望您和齐国绝交，与秦国结盟。如果这样，秦王愿意献给您六百里的土地。”

楚怀王听说有六百里土地唾手可得，心中大喜，设宴款待张仪，又派人前去和齐国绝交。屈原看出了秦国的诡计，劝楚怀王说：“秦国是虎狼之国，常常出尔反尔，您可不要听信张仪的鬼话啊！”楚怀王利令智昏，根本不把屈原的话放在心上。

楚国和齐国绝交以后，楚怀王派遣使者前去秦国索要土地，张仪对楚国使者说：“当初我说的分明是六里的土地，哪有什么六百里啊！”

使者回去报告楚怀王，楚怀王气疯了，派兵攻打秦国。屈原又劝谏说：“我们刚刚和齐国绝交，诸侯都不信任我们，这时候去攻打秦国，孤立无援，只怕不能取胜！”楚怀王在气头上，哪里听得进去，结果吃了大败仗。

楚国死了很多将士，屈原设酒祭奠他们。却有奸臣对楚怀王进谗言，说：“屈原劝您不要攻打秦国，您不听，如今我们打了败仗，可把屈原乐坏了，他正设酒庆祝呢！”楚怀王大怒，也不分青红皂白，立刻下令将屈原罢免官职，赶出了朝廷。屈原虽然被罢了官，却毫无怨言，依然对楚国忠心耿耿。

过了几年，秦国又派张仪来到楚国，对楚怀王说：“上次的事，是因为秦王听信了谗言，他已经后悔啦。如今，秦王希望能和您在边境上把酒言欢，归还楚国的土地，两国重归于好。”楚国大臣都怂恿楚怀王前去赴会。屈原知道后，在路上拦着楚怀王的车子，哭诉道：“秦国绝不能相信，您去了定是凶多吉少啊！”

奸臣对楚怀王说：“屈原自从被罢了官，就心怀怨愤，他这是在诅咒您啊！”楚怀王不辨忠奸，让武士将屈原赶走，前去赴会。秦国果然又在耍诈，楚怀王刚到那里，就被秦国扣留了。秦国把楚怀王劫持

到秦国，胁迫他割让土地，楚怀王想到屈原，对左右说：“我真后悔不听屈原的劝告！”他又愧又恼，没多久就死在了秦国。

楚怀王死后，楚顷襄王即位，他也是个昏庸的家伙，任用奸臣，疏远屈原。秦国不断派兵攻打楚国，把楚国的祖坟都给烧了，楚国却毫无办法，只能迁都躲避。屈原报国无门，眼看着祖国一步步走向灭亡，苦闷至极，绝望至极。在五月初五这天，屈原来到汨（mì）罗江边，一边吟诵着《离骚》，一边朝波涛里走去。

屈原投江以后，江边渔民划着船赶来营救，可惜水流太急，他们没能找到屈原。楚国百姓知道屈原是大忠臣，都十分同情他、怀念他，纷纷来到江边祭祀。他们害怕鱼虾伤害屈原的身体，就用苇叶包着米，做成粽子投到江里，希望鱼虾吃饱……人们每年五月初五都这样做，便形成了端午节赛龙舟、吃粽子的风俗。

端午挂艾蒿的传说

传说，古代湖边有个叫“端午”的小村子，村子依山傍湖，风景十分优美，村民们安居乐业，过着幸福的生活。

忽然，有一天村子西边的湖里，来了一头叫穷奇的妖兽。穷奇很有灵性，但它却喜欢邪恶的东西，对美好的事物充满厌恶——如果一个人很坏，穷奇就对他好，抓野兽送给他吃；如果一个人很好，穷奇就会想方设法地害他。端午村的村民都是好人，穷奇很恼火，它跑到村里对村民们说：“你们每天至少要做一件坏事，三个月内做好一百件，否则我就发洪水淹掉你们的村子！”

村民们自来善良，哪能做坏事呢？一转眼就快到三个月了，大家愁眉苦脸。这天，一个行路货郎赶着一辆破牛车，上面拉着各种小杂货，从村子路过。走到一半时，牛车忽然陷入了泥坑里，货物撒了一地。

村民们说：“要不我们去抢了那个人的货物吧，每个人抢一件，一百件坏事不就做出来了吗？”

大家于是向牛车围了过去，每人从地上捡起了一件东西。要离开的时候，村民们看到货郎饱经风霜的脸，忽然生出不忍之心。一个老人首先将货物还给货郎，放进牛车里，其他村民犹豫了一下也纷纷效仿，装好了货物，他们又齐心协力将牛车推出泥坑。

货郎离开以后，村民们叹息道：“做坏事真难啊！我们还是走吧，离开这个村子。”正在人们想要收拾东西离开时，那个货郎又回来了，原来他是神仙变成的，来试探村民们是否真的善良。他对村民们说：“我现在知道你们是真善良了！天下有专门迫害好人的恶兽，同样也有专门保护好人的神仙。你们不要走了，怪兽让我去对付！”

说完神仙就去找穷奇斗法，他们大战三天三夜，穷奇落败而逃。离开时，神仙害怕穷奇再回来害人，就把自己的两把宝剑扔到空中，宝剑落在湖边，一把化作艾蒿，一把化作菖蒲，他告诉村民，每年只要将艾蒿和菖蒲挂在门口，就相当于

是神仙在护卫，穷奇定然不敢前来冒犯。

因为神仙是在五月初五打败穷奇的，所以每到这天，人们就挂艾蒿，插菖蒲，用来守卫门庭，防止邪祟。

牛郎织女的传说

古时候，有个村子，村子里有个叫牛郎的小伙子。牛郎年少的时候父母就去世了，哥哥嫂嫂嫌他是个累赘（zhuì），对他很不好，成天让他出去放牛。牛群里有头老黄牛，耕了一辈子的地，如今老了，没有力气了，每次走路都落在后面。牛郎总是耐心地等它，还专门找鲜嫩的草给它吃，老黄牛很有灵性，也时常舔舐（shì）牛郎被草木划伤的手臂。

嫂嫂越看牛郎越不顺眼，便指桑骂槐地打起老黄牛来，一边打一边骂："一点儿用也没有的东西，成天只知道吃，老娘织了一天布累得半死，还要照顾你！"牛郎心疼老黄牛，便上前阻止："嫂嫂，这牛耕作了一辈子，您怎么忍心打它呢？"嫂嫂骂道："哟，心疼了啊！要不你自己出去养着它得了，就是当爹妈那样供着也没人管你！"

牛郎虽然朴实，但并不傻，知道这家自己没法再待了，便和哥嫂提出分家，他什么都没要，只要了那头老黄牛。哥哥嫂嫂一下子摆脱了两个"吃闲饭的"，欣然允诺，并给了牛郎一袋粮食，让他拉走了老黄牛。

牛郎和老黄牛来到山坡上，搭了个窝棚，垦了一块荒地，就这样过起了日子。时间一年年过去，老黄牛越来越老了，牛郎不让它耕地，把它当成朋友，每天对着他聊天。

一天，牛郎种地回来，有点儿失落地对老黄牛说："今天种地，看到别人家夫唱妇随，卿卿我我，而我却形单影只。唉，家里这个样子，不知道什么时候能娶个媳妇！”

“想娶媳妇，那还不简单，只要按我说的去做，保你有个美若天仙的妻子。”老黄牛竟然开口说话了，惊得牛郎目瞪口呆。它不顾牛郎的诧异，继续说道：“七月七日那天，你沿着河边向上走，看到被风刮起的衣服，就追上去拿到它。然后，在最大的那棵大树后等着太阳下山就好了。”

牛郎按照老牛的指示，果然在七月七日那天看到风中有件粉红色的纱衣飘飞，他追上去，把纱衣拿在手中。牛郎从未见过这么精美的衣服，上面还有醉人的香气，他想，丢失纱衣的主人一定很着急吧。便沿着河向上走，想把纱衣还回去。

走着走着，牛郎听到一阵嬉笑打闹声，是一群女孩儿正在河里洗澡。他不敢上前，便躲在了河边的大树后面。很快到了傍晚，只听河里有人说道：“太阳快下山啦，大家赶紧回去，否则可要受罚了！”牛郎好奇地望过去，竟见到一群披着五颜六色纱衣的仙女，飘着向天空飞去。

忽然，牛郎听到有哭的声音，他循着声音走去，只见一个美丽的女子躲在水中。牛郎问：“你为什么哭泣啊？”女子哭诉道：“我的衣服不见了，没法回天上去了！”牛郎拿出手中的衣服，将它还给了女子，告诉她自己是从风中捡到的。女子拿到衣服，却满面愁容，牛郎询问缘故。女子说：“我是天上的织女，趁着南天门无人把守下来嬉戏，如今太阳下山，南天门已经关闭，我回不去啦！”牛郎安慰织女，并将她领到了自己家中。

经过相处，织女发现牛郎善良、正直、勤劳、勇敢，比天上的那些神仙有趣多了。她渐渐爱上了这个贫穷的小伙子。于是，两人在老牛的见证之下结为夫妻，牛郎在外耕地打柴，织女在家里织布做饭。织女织出的布特别漂亮，拿到集市上人们都争着高价购买。没过几个月，夫妻二人就买了地，盖了房子，日子过得一天比一天滋润。

过了两年，织女生下了一个男孩儿，一个女孩儿，一家四口甜甜美美，令人羡慕不已。牛郎的哥哥嫂嫂见弟弟忽然富了起来，心里很嫉妒。嫂子一边做饭，一边磨叨：“那个穷小子也不知从哪娶来的小妖精，织的布比皇宫里面的都好！”她的话被灶神听到，并汇报给了王母娘娘。

王母娘娘正在为织女失踪而难过，听到灶神的汇报便下凡查看，一看果然是织女，而且还和凡人生了儿女。王母娘娘顿时转忧为怒，骂道：“这个贱婢，枉我为她忧心，她竟私留凡间，还触犯天条与凡人结婚。”于是，她派遣天兵天将下凡捉拿织女。

牛郎正在田里耕作，忽然看到妻子被天兵抓走了，跑回家急得直跺脚。这时，老黄牛开口说话了，说：“牛郎啊！我就要死了，我死后你把我的皮剥下来，披在身上，这样你就能飞到天上去了！”说完闭上了眼睛。牛郎含着泪，将老黄牛的皮剥下披在身上，又用担子挑着儿子和女儿向天上追去。

他们飞啊飞，终于看到了织女的背影，儿子、女儿哭着喊妈妈，织女也回头向丈夫、儿女哭泣。眼看一家人就要团聚，王母娘娘忽然赶到，她冷笑着抽下簪子，用手一挥，一条天河就横亘在了牛郎织女中间。

天河波涛汹涌，根本无法跨越，牛郎望着织女，织女望着牛郎，儿子、女儿呼喊着妈妈，一家人在河边哭得撕心裂肺，都成了泪人。天上的神仙都心有不忍，纷纷劝说王母娘娘网开一面，王母娘娘也被牛郎织女的深厚感情所打动，但天庭的规矩不能废。于是，她下令，让牛郎和孩子也留在天上，和织女隔河相望，每年的七月初七让他们家人团聚一次。

熬到了七月七，一家人终于可以相聚了，可滔滔天河，如何渡过呢？正在牛郎织女发愁之际，一大群喜鹊飞了过来，用身体在天河上架起一座桥梁。从此以后，每年七夕，牛郎织女都会踩着鹊桥相会。

穿针乞巧的传说

汉代，京城里有户人家，家里有个女儿叫巧儿，巧儿听话孝顺，可就是一点儿也不巧。别人家的姑娘从小就会针织刺绣，巧儿却怎么也学不会，大家都笑话她说："巧儿巧儿，笨手笨脚；针织女红（gōng），样样不晓！"巧儿听了很伤心，自己躲在角落里哭泣，她的母亲抱着她安慰说："我们巧儿才不笨，只不过开窍晚了点儿！别着急，你以后做得比谁都好。"

巧儿相信母亲的话，但几年过去，她还是没有学会，只能到富人家做饭补贴家用。这年，巧儿的父亲生了病，家里生活日渐窘迫起来，巧儿很忧愁。恰好宫里征召裁缝，给很高的补贴。巧儿看着周围好几个女孩子都应征去了，心里又难过起来，晚上一个人坐在月下叹息："要是我也心灵手巧，能进宫做裁缝就好了，这样父亲就有钱治病了。"

这天正是七月初七，巧儿想着想着就迷迷糊糊地睡着了，梦里她看到一个倾国倾城的仙女正在低头裁衣，便走过去。仙女也不抬头，巧儿就静静地站在一旁边看边学。醒来以后，那些裁衣法还历历在目，仿佛真的有人教了她一般。巧儿回去练习，竟然裁出了一件特别好看的衣服。“我也会女红啦！”巧儿兴奋地跳了起来。

巧儿带着自己做的衣服前去应征，宫里的老裁缝看了都交口称赞，说巧儿的针线活做得是最好的。巧儿在宫里找到了差事，用工钱帮父亲买药，治好了病。以前那些街坊邻居都夸巧儿有能耐，又孝顺，还称赞说：“巧儿巧儿，心灵手巧；裁衣刺绣，天下最好！”人们纷纷来请教巧儿跟谁学的针线功夫，巧儿便把自己在七夕那天许愿做梦的事说了，大家啧啧称奇，说一定是巧儿的祈求被天上织女听到了，所以她才托梦启发巧儿，让她开了窍！后来，民间的其他女子也效仿巧儿，在七夕这天到月下许愿。女孩们还在一起比赛穿针引线，穿得最快的称为“得巧”，说明她今年最可能得到织女的真传！

中秋吃月饼的传说

从武则天篡权开始，唐朝出现了好几次动乱，最后由武则天的孙子李隆基夺得了天下。李隆基，也就是后来人们所说的唐玄宗、唐明皇，他开始的时候任用贤臣，把国家治理得井井有条，朝野上下一片繁荣，对外开疆拓土，使四方边远的国家、部族都来臣服、朝拜。人们都将这一时期称为“开元盛世”，这是唐代最繁荣的时候。

但李隆基很快便骄傲起来了，开始沉迷于酒色，他最宠爱的贵妃是杨贵妃，为了让贵妃高兴，唐玄宗新建了很多宫殿苑囿，花光了国库积蓄。杨贵妃喜欢吃荔枝，而且专吃岭南产的，唐玄宗便令飞骑百里加急，专门为贵妃送荔枝。后来，大诗人杜牧写诗讽刺这件事：“一骑红尘妃子笑，无人知是荔枝来。”

当时有个叫安禄山的人，他本是个胡人，因为通晓多种语言而被唐朝任命为地方官。安禄山知道唐玄宗最宠信杨贵妃，便每年花很多钱贿赂杨贵妃，让贵妃吹吹枕边风，说自己的好话。唐玄宗果然召见了安禄山，入朝后安禄山丑态百出，当众叫杨贵妃为娘，大臣们对这种行为都很不齿，唯独唐玄宗抚掌大笑，竟封安禄山做了节度使，掌管数十万兵马。

有一年中秋节，安禄山派人进贡了一盒胡饼，唐玄宗和杨贵妃一边在御花园里赏月，一边品尝胡饼，十分欢乐。唐玄宗吃着美味的胡饼，对杨贵妃说："要是天下的节度使都像安禄山这么孝顺，这么善解人意，朕就不用整日操劳，可以和贵妃天天饮酒作乐了！"杨贵妃也指着圆圆的胡饼说："圆饼如明月，甜美似君恩；愿臣妾和圣上永远团圆不分，白头偕老！"自此，宫里人都把胡饼，称为"月饼"。

唐玄宗为了显示对杨贵妃的宠爱，将她的家人都封为大官，还让他的哥哥杨国忠做了宰相。杨家人本没有什么才能，做了官不是尸位素餐，就是饕餮（tāo tiè）贪污，朝廷被搅得乌烟瘴气。贪官污吏横行，老百姓的日子也一天比一天差，对杨国忠、唐玄宗开始不满起来。

安禄山看准时机，趁机起兵造反，唐玄宗派出平叛的将领不是投降了叛军，就是被打得落荒而逃，很快叛军就逼近了都城长安。唐玄宗无奈，只得带着杨贵妃和御林军弃城逃走。当走到马嵬（wéi）坡的时候，将士们发生哗变，他们觉得自己背井离乡、吃尽苦头，都是杨贵妃的过错，便逼着唐玄宗将杨贵妃赐死。唐玄宗虽万般不忍，但还是答应了他们的请求。

后来，叛乱被平定，唐玄宗回到了长安城。一次中秋节众人宴饮，唐玄宗看到摆在面前的一盘点心，忽然想到当年和杨贵妃在御花园里赏月时的情景，不禁睹物思人，黯然神伤，他泪流满面，口中念道："圆饼如明月，明月照美人。如今明月、圆饼依旧，可美人却永远也不能再见了！"

后来，每当思念杨贵妃时，唐玄宗都让人给他做月饼吃。民间老百姓也纷纷效仿，久而久之，便形成了特定风俗——在中秋节晚上吃月饼，来寄托对亲人的思念，希望一家人永远圆圆满满。

中秋赏桂花的传说

传说很久以前，世上是没有桂树的。

有一年，天下爆发了一场大瘟疫，许多人都病倒了，人们尝试了各种药方、偏方都不见效。穿云山下，住着一个小伙子叫吴刚，他勇敢、善良，每天采药卖来奉养母亲。不幸，他的母亲也染上了瘟疫，卧病在床奄奄一息。

吴刚请大夫开了各种药，就是不管用，一天他又去抓药，大夫叹息一声，劝道："这瘟疫如此猛烈，我看吃什么药都不济事了，除非有穿云山顶的神花！"原来当地传说，在穿云山顶上，生长着一棵大树，上面开的花能延年益寿，包治百病。可穿云山高万丈，陡峭如墙壁，还从来没人上去过呢，大夫只是随口说说，没想到吴刚却当了真。

这天，吴刚吃完饭，将母亲托付给邻居，就要去爬穿云山。邻居们听说吴刚要上穿云山，纷纷摇头，说："那山高得连鸟都飞不上去，这一去恐怕凶多吉少啊……"可吴刚心里只想找到神树，救母亲，不顾劝告，带着干粮便出发了。

山上灌木丛生，划伤了吴刚的手臂，吴刚找点儿草药敷上继续前行。再往上尽是光秃秃的岩石，被太阳晒得滚烫，吴刚将衣服裹在手臂上，咬着牙往上爬。再往上面狂风呼啸，鹰鹫盘旋，吴刚紧贴着山壁，一点点儿斜着向上挪。再往上面云雾缭绕、冰雪覆盖，吴刚手脚都冻得麻木了，但还是不放弃。就这样爬了七天七夜，干粮都吃没了，吴刚便吃冰雪充饥。在第八天的时候，吴刚穿过一层浓云，眼前陡然一亮，只见山顶一片平坦的土地上，生长着一棵大树，树上开满了花，

还有扑鼻的芳香。

吴刚爬过去，摘下几朵花塞入口中，刚刚还困顿至极，忽然觉得胸中涌起一股暖流，手脚也恢复了力气。吴刚心想：这些花具有这样的神效，一定可以治好瘟疫！于是，他将树上所有的花都摘了下来，花太多，带不了，吴刚便想了个法子，将它们团成一个大球，从山上滚了下去。

山下的人正在被瘟疫折磨，忽然看到无数金灿灿的花朵从天而降，落入河中将河水都染成了金黄色，还带着馥郁的芳香。人们喝了这河水，疫病全都好了。吴刚回到家里，用这花给母亲熬了一碗汤，母亲喝过，第二天也能下床走路了！

老百姓的病都好了，但天上的神仙却很恼火，原来那棵神树是玉帝亲手种的桂树，每年八月十五桂花开时，他都要邀集群仙前来品桂花茶，吃桂花糕。

今年正要办盛会，却发现桂花都被吴刚摘走了，玉帝很生气，后果很严重，他派遣天兵天将，将吴刚抓到了天上。

玉帝知道吴刚是为了救人，本想让他承认个错误，自己立立威就得了。没想到吴刚是个拗骨头，说什么也不道歉，反而指责道：“你们这些神仙，只想着在天上作威作福，喝茶吃糕，却不顾下界老百姓的死活。道歉的应该是你们！”

玉帝恼羞成怒，他将吴刚困在月宫，又幻化出一棵大桂树来，对吴刚说："要么道歉，要么砍倒这棵大树，否则别想回家！"吴刚二话不说，抄起斧子就去砍。

玉帝施用了法术，这大树砍一下长一下，就这样吴刚一连砍了上千年，大树还没有倒，但他也绝不向玉帝认错求饶。

吴刚在月宫里砍树，十分思念母亲，于是每到中秋之夜，他都会从上面丢下一片桂叶来，希望以此来寄托思乡之情。这些桂叶落在地上便生根发芽，所以人间也有了桂树。老百姓们感激吴刚消除瘟疫的恩情，也敬重他不向玉帝认输的骨气，于是每年也在中秋节这天赏桂花、吃桂花糕、喝桂花茶来纪念吴刚。

重阳登高的传说

古时候，在一座高山下有个小村子，村子里有户勤劳善良的农民，男主人叫春生。别的人家都去山上打猎卖钱，只有春生家整日种地耕田，还常常劝左邻右舍，要少杀生，更不要捕捉怀着孕的鸟兽。村民们都说："靠山吃山，不打猎像你家一样种地，一年到头累死也攒不下两个钱！"春生听了唯有叹息。

一天，春生下地除草，收工回来天色已晚，看到一个老者躺在村口的大柳树下，便问："大爷，您怎么躺在这里，不怕受凉吗？"老者生气地说："我路过这儿，想找个人家投宿，没想到这村里都是恶人，家家把我推出门外。不躺在这儿我还能躺在哪里？"

春生听完，说："那您去我家吧！我不赶您！"

老人跟着春生来到家里，春生让他坐下吃饭，老人冷着脸说："这么难吃的饭菜，一点儿肉都没有。你们村子里不是以打猎为生吗，怎么猎物都舍不得拿出来？"春生赔笑道："我家人信佛，从不杀生，您老就将就一下吧！"吃完饭，要睡觉时，春生媳妇安排老人去侧屋。

老人动也不动，说：“哪有年轻人住主屋，而让长者住侧屋的道理？”春生媳妇听了，连忙把被褥换过来，让老人住在了主屋。

第二天早上，老人要走了，春生夫妇将他送到门外，还给他热了几块干粮带上。老人看他们诚恳的样子，点点头对他们说：“实不相瞒，我是这大山上的山神，因为你们村子猎杀的生灵太多，上天已经降下旨意，要发洪水将村子淹没。看在你们殷勤招待我的份儿上，我给你们指条活路，九月九日早上，起来就往山上跑，不要回头，也不可告诉别人！”

老人走后，春生夫妇记着他的话，可他们实在不想看着村民们被大水淹死。于是，在前一天晚上挨家挨户地将大水要来的消息通知了大家。

第二天早上，村民们起来就往山上跑，当他们跑到山顶的时候，只听轰隆一声，山腰裂开一个大洞，洪水汹涌而出，一下子便将村子淹没了。大家松了一口气，却发现春生两口子没有跑出来！原来，春生夫妇将消息告诉村民们，泄露了天机，

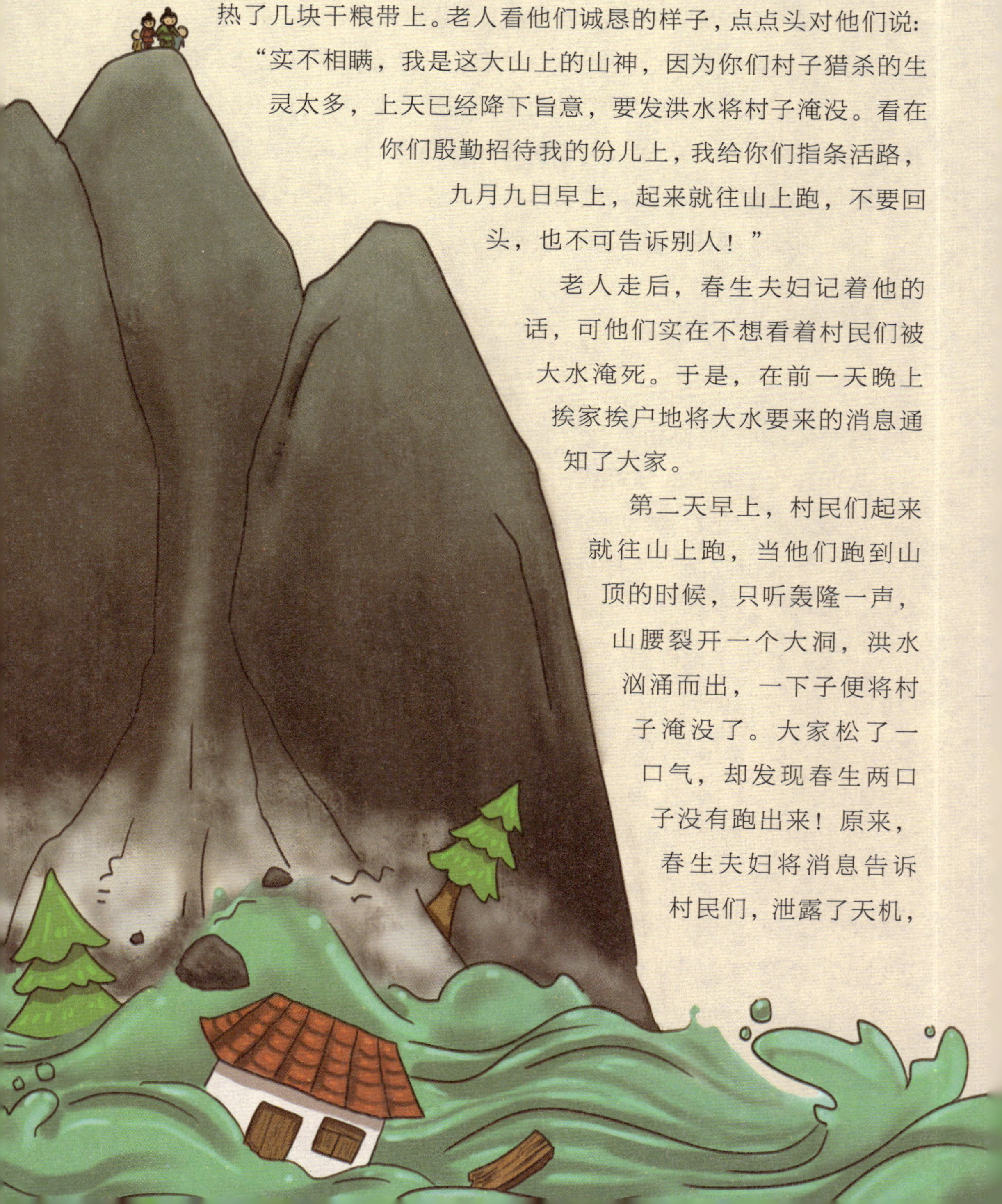

上天将他们变成石头，随着洪水冲走了。村民们感激春生夫妇的救命之恩，便每年九月初九这天登上山顶，同时远远地眺望，祈求能看到恩人夫妇归来的身影。

中国式礼仪

雷子◎编著

3

天津出版传媒集团
天津人民美术出版社

人有礼则安，无礼则危。——《礼记》

礼之用，和为贵。——《论语》

凡人之所以贵于禽兽者，以有礼也。——《晏子春秋》

礼，经国家，定社稷，序民人，利后嗣。——《左传》

礼，天之经也，地之义也，民之行也。——《左传》

勿以恶小而为之，勿以善小而不为。惟贤惟德，能服于人。——刘备

前言

“中国有礼仪之大，故称夏；有服章之美，谓之华”。我们华夏民族自古被人盛誉为“衣冠上国、礼仪之邦”。

说到礼仪，很多人认为，不就是礼貌、修养和待人接物的一套方法吗！此言差矣！中国著名史学大师钱宾四先生说：“中国文化的核心是礼。西方文化中没有‘礼’的概念，也不是西方社会所表达的礼貌、修养的同义词。所以，不了解中国传统礼仪及精神，就不能把握中国文化之精髓，何谈复兴中国文化？”此论极具洞见，发人深思，这是钱先生在研究中国文化与历史近八十年后的精辟总结。

是的，西方人是靠宗教和法律来管理社会的，而中国人自古以礼治天下。从上古“礼巫时代”，到周公“制礼作乐”，再到孔子的“由仁入礼”，再到荀子的“礼法兼治”，再到朱子的“礼约自治”，中华礼仪史可谓源远流长。无论是《周礼》为国家建制，还是《仪礼》为民众行为规范，还是《礼记》为“五礼”精神内涵进行解读，以及《家范》《家礼》等礼学典籍为社会自治的普及，都高度凝聚了中华民族在历史长河中不断奋进、克己复礼的文明史。

孔子是中国文化集大成者，其学说以“仁”为核心。他说：“克己复礼为仁”“人而不仁如礼何？人而不仁如乐何？”是啊！只有约束自身使言行符合礼，才是仁啊！可是，一个人如果没有仁爱之心，如何施行礼呢？一个人如果

没有仁爱之心，如何施行乐呢？这就是孔子“仁本礼用”的思想。清代教育家颜元又说：“国尚礼则国昌，家尚礼则家大，身有礼则身修，心有礼则心泰。”这句话高度概括了礼仪的作用，礼仪能养心，能修身，能齐家，能治国平天下，小则反映一个人的处事风格和素质修养，中则反映一个家庭的有序治理，大则反映一个国家的文明程度。这就是中国式礼仪精神，也是中国历史长河中，一代代社会精英坚持提倡“礼法兼治”的重要依据。中国式礼仪，不仅可以规范个人及社会行为，达到万物有序、自然和谐，还可以作为中国人的道德法则，体现了中国人对仁义、礼让、慈悲及天人合一的文化精神追求。

《中国式礼仪》就是这样一本中华礼仪文化的普及读物。它贯穿人的一生，包括人生礼仪的方方面面，小到个人的仪容礼、饮食礼、入学礼、读书写字礼、迎宾待客礼、访友做客礼、馈赠礼、座位礼、饮茶礼、敬酒礼、寿诞礼、谦称礼、敬称礼、电话礼等，大到诞生礼、成人礼、婚礼、丧礼、祭礼，以及军礼、射礼、节日礼俗等。它内容丰富，条理清晰，通俗易懂，意义深刻。

中国礼仪博大精深、源远流长，本书遵循“取其精华，与时俱进”的原则，挖掘礼仪文化中蕴含的仁爱、和谐、有序的价值观念，与友善、文明、平等、法治等社会主义核心价值观相结合，融入当今社会的核心价值，既有深厚的文化性，也有鲜明的时代性。

民族自信，源于文化自信。《中国式礼仪》在新时代一定深受中国人的喜爱，并随着中国的崛起而传播到世界各地，从而有利于再塑“礼仪之邦”，再造自治精神，再创中国辉煌。

雷子于北京天通苑

2021 年 6 月 10 日

婚丧喜庆礼

诞生礼
人生之始

冠礼
男子成人礼

笄礼
女子成人礼

婚姻六礼

慎始敬终

婚礼延续

阴阳和合

射礼

立德正己

军礼

军中之礼

丧祭礼

慎终追远

五服礼

亲疏分明

祭祀礼

为求吉祥

诞生礼

人生之始

诞生礼

在传统礼仪中，把生下男孩儿称为『弄璋』之喜，把生下女孩儿称为『弄瓦』之喜。《诗经·小雅》上说：『乃生男子，载寝之床。载衣之裳，载弄之璋……乃生女子，载寝之地。载衣之裼，载弄之瓦。』意思是说，若是生个小儿郎，做张小床给他躺，给他穿上小衣裳，拿块玉璋来玩赏。若是生个小姑娘，睡到屋子地上边，一条小被裹身上，拿个纺锤来玩赏。『璋』是上好的玉石，给儿子『璋』玩，是希望他有玉一般的品德，将来成为正直、刚健、儒雅的君子；『瓦』是纺车上的纺锤，给女儿『瓦』玩，是希望她将来能胜任女红、善持家务之德。

悬弓悬帨之礼

悬弓悬帨（shuì），是向人们宣告喜得贵子或千金之意。《礼记》中说："子生，男子设弧于门左，女子设帨于门右。"意思是说，生男孩，在门的左侧悬一张木弓，象征着男孩儿的勇猛与阳刚之性；生女孩，则在门的右侧悬挂一块佩巾，象征着女孩儿的静美与阴柔之德。而男左女右、男刚女柔的区别，不仅是根据先天的性别特征适用不同的教育，也是中国文化及礼仪传统。

报喜之礼

宝宝降生后，就要给亲朋好友报喜了。报喜礼是很有讲究的，首先是女婿穿着庄严的礼服，带上精心准备的报喜礼物，到岳父母家去报喜。因为能荣升“新爸爸”，这是妻子的功劳。所以，女婿必须郑重地亲自到岳父母家去报喜。到达岳父母家后，要虔诚地向岳父母行跪拜礼。一是表达自己的恭敬之意，二是表达自己的感恩之心。随后，再向其他亲朋好友报喜。现代人由于通信便捷，一般生子后通过电话或手机短信、微信等方式报喜，但礼仪所传达的恭敬与感恩精神，是不能缺失的。

送喜蛋

古时，女婿在去岳父家报喜时，除常备礼物外，还要特别准备煮熟并染成红色的鸡蛋作为报喜礼物，生男孩儿喜蛋为单数，生女孩儿喜蛋为双数。因男为阳，女为阴，而数字又有阴阳之说，单数为阳，双数为阴，故有单双数之别。蛋为生命的起源，也是中华民族“盘古开天地”的寓意，所以，送喜蛋不仅寓意为新生宝宝吉祥如意，更表达人类生生不息的坚强信念。岳父母收下“喜蛋”后还要加倍送还“喜蛋”。

命名礼

《礼记·内则》记载，在孩子出生三个月之末，就要给孩子正式取个名字，并告知家族成员及州府登记存档。今人多在孩子满月时，或在医院出生填报出生证明时就给孩子正式取好名字了。这个程序叫命名礼。名字，一般有乳名、小名、学名、字、号等。通常先由父亲或家族长辈为孩子取学名，即大名，父母再为孩子取个乳名或小名。成人礼时由德高望重者取字，自己取号。孔子说：“名不正，则言不顺。”中国人对名字很郑重，起名时，千万不能太随意，甚至不能不讲究基本礼仪。所以，给孩子起名时，一定要注意一些要点：一、与父母长辈名字中相同的字，不取。二、代表神社、日月、国家、牲畜、货币的名字，不取。三、有“隐疾”或不吉利的字，不取。四、过于难认的生僻字，不取。这些取名要点，既是对自己的尊重，也是对他人的尊重。给孩子起名不仅是表达父母对子女的美好祝愿，也是一种文化修养的体现。

射天地之礼

《礼记·射义》中记载，男子生下来三日，就在家门左悬弧，并使人背负着那男孩子，用桑木造的弓，六支蓬草造的箭，向天地及东南西北六方射去。因为古人志存高远，视天地及四方为男子毕生事业之所在。故在男子出生时，先代其射箭以立志于天地四方，祈愿男孩成人后顶天立地，志在天下，然后才喂养他。这就是古人“身心养育”之道，是效法“天行健，君子以自强不息”的刚健精神。

满月礼

孩子满月时，一般都会邀请亲朋举办满月仪式，即满月礼，民间称为“办满月”。很多地方办满月非常隆重，有的人家还张灯结彩、演唱弹词庆贺。满月礼也叫“弥月酒”，通常在宝宝满月当天大摆宴席，并提前给亲朋好友们发出请柬。收到请柬的亲友前来庆贺时，都要准备贺礼，礼包上则写“弥敬”或“汤饼之敬”。贺礼，因各地风俗不同，所送礼品也有所不同：有的直接送礼金；有的送金质、银质的“长命百岁”锁或银瓶、银鼎；也有送贺幛，用十尺红色彩绸布书写“天降麒麟”“观音送子”等祝词；

射天地之礼

小岁日喜谈氏外孙女孩满月

唐·白居易

今旦夫妻喜，他人岂得知。
自嗟生女晚，敢讶见孙迟。
物以稀为贵，情因老更慈。
新年逢吉日，满月乞名时。
桂燎熏花果，兰汤洗玉肌。
怀中有可抱，何必是男儿。

有些地区送孩子鞋帽，特别是姑妈、姨妈要送虎头鞋、虎头帽，寓意虎虎生风、百病不生、辟邪镇宅、健康吉祥。

剃满月头

很多地区在孩子满月时，有剃胎头的习俗，俗称“剃满月头”。男孩剃头在囟门两旁留“角”，女孩则在头顶中间纵横各留一行，叫作“髻（jì）”。或者男孩留在左边，女孩留在右边。这是男女有别的象征。剃完头后，又有保留胎毛的习俗。为什么要保留胎毛呢？儒家认为“身体发肤，受之父母，不敢毁伤，孝之始也”，其寓意是提醒儿女不要忘了父母的生养之恩德。这是孝道的培养。胎毛保存也有讲究，有的地方将胎毛搓成一个圆团，用五丝彩线缠好，挂在床头之上有避邪之功；有的用红纸包好后放在大门顶上，意谓步步登高；有的用线绳将胎发缠好，直接悬挂在窗户外墙上，任风吹雨打，寓意孩子的成长需要千锤百炼，以后会坚强如铁、顶天立地。

冠礼

男子成人礼

冠礼

冠礼，又称成男礼、成丁礼。古代社会一般在二十岁时举行冠礼，是男子成为成年人时所要举行的加冠礼仪。『冠』就是我们现在所说的帽子，但与现代的帽子意义不同的是，『冠』还是身份与地位的象征，体现了一定的等级和责任，所以古代社会非常重视此礼仪，一般在家庙内举行。

加冠的意义及程序

在古代，男子只有经过加冠之后，才能够正式穿着成人礼服，以成人的身份及礼仪，与其他人正式打交道。因此，加冠是一个人开始以成人身份正式将礼担负起来的标志。

举行冠礼的目的就是要告诉孩子：你已长大成人，要树立起成年的意识，从此不要再有依赖家庭和社会的思想，要成为一名能够承担起对家庭、对社会的责任的成年人，要懂得怎样为人子、为人父、为人兄弟、为人夫妇、为人君、为人臣，以便能胜任各种社会角色及做人的道理。

第一步 选择吉日和正宾

加冠礼前，加冠者的父亲作为主人，要先确定最佳的加冠日期。古人一般通过占卜获得吉日，所以称为“筮日”。在确定吉日后，再邀请众宾，并在众宾中确定一位德高望重的正宾，为冠者加冠，提前三日通知众宾。正宾的选择，古人也要通过占卜确定，所以称为“筮宾”。同时，还要邀请一些父辈的朋友等来观礼。在古人看来，冠礼是对一个人进行礼仪教育的重要环节，冠礼抓好了，也就抓住了“君臣正，父子亲，长幼和而后礼义立”（《礼记·冠义》）这个治国的根本。此外，选择吉日及正宾，还需要注意以下事项。

1. 确定吉日。定在成人者生日或对其有重要意义的日子。但在春节、中秋或家人团聚的日子，不宜请人来参加；清明主祭祀之日，与主题不相符，家庙也无法两用。

2. 选择观礼嘉宾及正宾。确定参礼人员后，要以请帖或正式通信方法诚邀嘉宾。

3. 对于正宾，父母应提前三日登门邀请。

第二步 准备冠和礼服

冠礼举行当天清晨，准备好加冠礼要用的三顶帽子，分别为缁（zī）布冠、皮弁（biàn）、爵（què）弁。缁布冠是黑粗布做成；皮弁用白鹿皮做成，冠上当有饰物，比布冠尊贵；爵弁用极细的葛布或丝帛做成，形制如天子戴的冕，最尊贵。将它们分别放在三个竹筐里，由三位工作人员（赞冠者）捧着，从台阶上依次往下站好，等待加冠。另外，还要准备三套与冠礼相配的成人穿的衣服，在东房里按顺序摆放好。即将接受冠礼的男子，在东房等待加冠典礼的开始。

第三步 始加之礼

始加之冠为缁布冠。吉时到，将冠者走出东房，肃立在房外西侧，面向南方，等待正宾的命令。正宾先向将冠者施作揖礼，再请将冠者就席。加冠者的席位在东序，稍微偏北，面向南方，这是因为将冠者不敢正居主人的位置。正宾的赞者（助手）为冠者梳理头发，用帛（白色丝织布条）包裹头发；正宾洗手。完毕后，来到将冠者的席前，坐下，亲自将他头上包发的帛端正，然后起身取冠；然后，右手执冠的后面，左手执冠的前面，端正，发表祝告词后，再次坐在将冠者席前，为他加冠；然后起身，回到自己的席位；正宾的赞者（助手）接着为冠者系好冠缨结带，始加之冠完成。缁布冠表示不忘根本，牢记先人恩德，同时也要修身、治家，承担起自己应该承担的家庭责任了。冠者回转东房，换上玄端礼服，然后再出房，向来宾展示后，面南而立。这样，始加之礼就完成了。玄端礼服为上衣下裳制，每幅布都是正方形，无章彩纹饰，也暗合了君子正直端方、外表朴素、内有文采的内涵。

男子成人礼

第四步 再加之礼

再加之礼即第二次加冠，程序与始加之礼基本相同，只是正宾为冠者加的冠是皮弁。加冠后，回转东房换上白色礼服，再向来宾展示后面南而立。皮弁是用鹿皮做成，皮弁之缝中，镶饰五彩玉十二粒，为军戎田猎及视朝时的服饰，代表的地位要比缁布冠尊贵，表示从此有资格参加兵役及担负社会责任了。

第五步 三加之礼

三加之礼即第三次加冠，仪式仍与前两次基本一样，这次加的是爵弁。加冠后，需回转东房换上浅红色上衣、赤黄色下衣。爵弁在古代是在重要祭祀场合戴的，代表的地位极为尊贵。爵弁加冠后，表示自己就有了参加祭祀及国家大事的权利了。加冠三次，一次比一次显贵，是勉励加冠者从此要力求上进，克己复礼，养成美好的德行，并承担起自己应尽的家庭责任及社会责任。

第六步 拜见母亲及亲人

三加之礼结束后，被加冠者要以成人礼仪正式拜见母亲，他的母亲也应对他还礼。然后以成人礼仪拜见兄弟姐妹，兄弟姐妹以成年人之礼回拜。以成人礼仪拜见众亲朋，亲朋们以成人之礼回拜。

第七步 为冠者取“字”

冠者施礼众亲朋后，再次回到堂上，由正宾为其取“字”。字，是对于德性的良善期望。因此，常见的字，要么是名的解释与引申，以提示名的含义；要么和名的含义能够相辅相成，以弥补名的不足。字是可以更换的，随着心境及生活的变化，可以随时改字。但名一旦确定后，一般情况下是不改动的。同时，按照传统礼仪，取“字”以后，只有长辈或国君、领导才可以直呼其名，其他人都要称他的字了，这是对成人的基本尊敬。否则，直呼其名是违背礼仪的。

第八步 拜乡绅名士

为冠者取“字”之后，冠者要带上礼物，以成人礼仪去拜见乡绅名士，告知他们自己成人了，并请他们多多指教。乡绅名士要以成人礼仪回拜，并提出嘉言懿行以勉励。冠礼是礼的开始，是嘉礼中极为重要的礼仪。所以，古人非常重视冠礼，仪式很庄重，一般在家庙中举行加冠仪式，以让先祖鉴察，不敢有丝毫不端。

冠礼的变化

今日，很多地区又在恢复冠礼。但仪式已经有所简化，不再通过占卜选择加冠吉日和正宾，加冠次数以及冠与礼服的样式，包括加冠地点的选择，都出现了很大变化。而加冠仪式更有很大的差异及不规范，这些都需要进一步规范。冠礼虽因时代、环境变化而有所变化，但贯穿于“冠礼”中的礼“义”，我们绝不能丢失，始终要传承、发扬下去。

笄礼

女子成人礼

笄礼也称『加笄』，俗称『上头礼』，主要是汉族女性的成人礼。笄是古代女子的一种发饰，类似于簪子，是用来固定女子发髻的。因女孩儿在童年时都不用笄，等到谈婚论嫁时，就要举行笄礼了。所以，『笄礼』又成了女子成人许嫁的象征。古代女子结婚比较早，一般在十五岁就可以了，但最迟不超过二十岁。《礼记·内则》：『（女子）十有五年而笄，二十而嫁。』所以，通常在十五至二十岁举行笄礼，没有固定的时间。笄礼仪式与冠礼仪式基本相同。

加笄的意义及程序

笄礼，一般选择在女子订婚之后举行。如果到了该嫁人的年龄，仍然没有订婚，通常家里也会给她举行一个笄礼。笄礼完成后，就表示成年，标志着女子有相夫教子、奉养公婆、谨行妇道的责任了。也可以说，发式是判断女子成年与否的一个标志。

第一步 选择吉日及正宾

在举行笄礼之前，首先要选择确定吉日，再邀请各位观礼嘉宾，并选择一位贤淑有德的女性长辈作为正宾，执事者（助手）由家中女眷充任。为表示慎重，先用红笺写好邀请辞，在行礼前三天送到正宾及观礼嘉宾家中，并在行礼前一天再次恭请正宾。这充分显示了对正宾的尊重，也表达了古人对笄礼的重视程度。

第二步 准备笄和礼服

笄礼当天清晨，把加笄所需服饰物品都放在盘中，放置在东房中。加笄者穿上彩衣，在东房中面南等候。参加笄礼的人员，按照特定的要求和秩序入位。女主人身着盛装，站立在堂屋的东阶之下，待正宾来到大门外时，要出门迎接正宾，并向正宾行再拜之礼。正宾回礼，然后一起进入行礼大厅。

第三步 第一次加笄礼

正宾洗手完毕，准备加笄。加笄者就席。助宾先为加笄者束发正容。然后，正宾从盘中取出发笄戴上，并为加笄者致祝词。加笄者回转东房中，换上与笄相配的素色襦裙。然后，回到大厅向众人展示。然后，加笄者面向正宾，行正规拜礼。彩色衣服属于童子装，色彩绚丽明快，象征着天真烂漫；素雅

女子成人礼

襦裙清淡纯净，象征着文静纯真。这也充分表达了加笄者的年龄变化及成长历程，也象征着这个青春少女将一步步走向成熟。

第四步 第二次加笄礼

第二次加笄仪式与第一次基本相同。有区别的是：第一次加笄的头饰是发笄，这次用的是发簪；第一次换上的衣服是素雅襦裙，这次是曲裾深衣。发簪比发笄精致贵重，曲裾深衣比素雅襦裙庄敬厚重，这也充分表明加笄者的成长变化及家庭责任的承担也越来越重要了。

第五步 第三次加笄礼

第三次加笄仪式和第二次基本相同。有区别的是：第二次用的是发簪，这次加的头饰是钗冠；第二次换的衣服是曲裾深衣，这次是上衣下裳制的大袖长裙，衣裙上还佩有精致的饰物，这是正式的贵重的礼服。而只有在重大场合，或接待重要人物时，才需要穿戴的礼服。这钗冠和礼服的变化，充分反映了加笄者的身份变化，从此后，要由家庭角色向社会角色的重大转变。同时，自己身上所承担的责任也更加明晰了。

第六步 为笄者取“字”

和男子加冠仪式相似，女子在举行三加之礼后，也会得到正宾给自己取的“字”，预示她从现在起，可以接受男子的求婚了。而那些没有举行笄礼、未取得表字的女孩，常被称为“待字闺中”，意为在闺房中等待取字，没有举行笄礼，也就是说自己尚未成年，是不能接受别人前来提亲的。同时，有了字后，除长辈可以直呼其名外，其他人也要称她的字了，这也是对她的基本尊重。

第七步 告诫女子之德

和男子加冠仪式不同的是，女子三加之礼后，不用去拜乡绅名士等环节。但加笄者要比加冠者多一项祭祀责任，这是传统女子应承担的事情。所以，加笄者此时在正宾的协助下，先要拜祖先神位。然后，再拜父母大人。这些都是对生命本源的感恩与礼敬，也是生命之道的传承。最后，由母亲于宗庙前，申明戒规，教导女儿以后敬奉公婆、尊重长辈、和睦家族的道理及相关礼节。加笄者跪在母亲面前，静心聆听，在母亲告诫完毕后答“儿虽不敏，敢不祇（zhī）承”，并再次对母亲行礼。此后，女主人酬谢及送别诸位嘉宾，加笄礼结束。

婚姻六礼

慎始敬终

婚姻六礼

与西方文化不同，中国哲学认为男为阳，女为阴，阳为动，阴为静，男女结合是阴阳合和之道。『婚』字古作『昏』，而在黄昏时成婚，有阳往而阴来之意，是天地之合的吉时。所以，古时新郎会在昏时（黄昏）迎娶新娘，而夫妻结合的礼仪就称为『昏礼』，后来才慢慢演化为白天娶妻的婚礼。而且，古时婚姻要经过六道程序，即纳采、问名、纳吉、纳征、请期和亲迎，统称为『六礼』。『六礼』创制于西周时候，是缔结婚姻必经的六个步骤。

纳采礼——男方提亲

纳采是婚姻六礼中第一个程序。按照中国传统礼俗，男女一旦到了谈婚论嫁的年龄，男方家长就会请使者（媒人）带上礼物向有意向的女方家长去提亲。在古代，婚礼的这个程序则被称为“纳采”，民间俗称提亲。纳采仪式一般在早上进行。“采”是采择、选择的意思，通常是女方谦虚的说法，意思是自家女儿不过是聊备男家选择的对象之一，这也充分体现了女方的谦卑有礼。

媒人

“媒人”又称为红娘、月老、介绍人，在婚姻嫁娶中起着牵线搭桥的作用。大家说起媒人，首先想起的是媒婆，其实古时说媒的使者都是男性，媒婆是宋明以后才出现的。自周代起，“父母之命，媒妁之言”就是婚姻中所普遍遵守的择偶礼仪。媒人会自提亲起，直至婚礼结束都起着纽带的作用。

男女无媒不交

现代婚姻，基本上都是男女自己做主，有爱则合，无爱则分，讲究的是个人自由。古时婚姻可不是这样。古人认为，婚姻不仅是男女之间的爱情，是生死不离、白头到老的个人之事，还是传宗接代、延续生命的家族大事，

诗经·关雎

关关雎鸠，在河之洲。
窈窕淑女，君子好逑。
参差荇菜，左右流之。
窈窕淑女，寤寐求之。
求之不得，寤寐思服。
悠哉悠哉，辗转反侧。
参差荇菜，左右采之。
窈窕淑女，琴瑟友之。
参差荇菜，左右芼之。
窈窕淑女，钟鼓乐之。

更是亲上加亲、结两姓家族之好的社会大事。并且，古人特别重视并推崇从一而终的感情，如汉乐府民歌：“上邪，我欲与君相知，长命无绝衰。山无陵，江水为竭。冬雷震震，夏雨雪。天地合，乃敢与君绝。”包括“糟糠之妻不下堂”“君子不弃故交”等价值标准。所以，没有特殊原因，是不能随意离婚的。古人对待婚姻的每一个程序，都非常郑重，这就是婚姻六礼中很多仪式为什么要在宗庙举行的原因。为避免男女草率苟合、非理性婚姻，《礼记·坊记》中特别有“男女无媒不交”的礼仪。即使二人情投意合，也要请父母及家人帮助自己把关，并委托媒人郑重提亲。如果男女私订终身，是会被家庭、社会鄙视的，是违背礼仪的。

纳采礼物——雁礼

在男方有意于女方后，就会委托媒人去女方家提亲，试看女方对男方的意见。由于是郑重之事，空手前去肯定是失礼的。那么，提亲时带什么礼物好呢？《仪礼·士昏礼》中讲：“昏礼，下达纳采，用雁。”意思是说，纳采时要用雁作为礼物。为什么要用雁作为礼物呢？古人认为，男属阳，女属阴，雁是候鸟，秋分时飞往南方，春分时又返往北方，随着时令节气而南而北，不违时令，寓意男女到了婚配年龄，不要错过好时机；再有，雁是随阳之物，又是守信之物，寓意夫妇信守婚约、夫唱妇随之义；更有，雁是贞洁之物，如果不幸失去配偶，另一只孤雁就不再独活，寓意夫妇忠贞不二之爱情。此外，大雁飞行时，健壮之雁带头引领飞行，幼弱之雁排序尾随在后，或一字排列，或人字排列，秩序井然，寓意长幼有序。所以，雁是古人婚姻的理想礼物。后世，由于雁稀少，且很难捕捉，才以鹅代雁，谓之“雁鹅”。如果女方同意这门婚姻，就留下礼物。否则，就应拒收礼物。

千里姻缘一线牵

唐代有个年轻人叫韦固，他眼光很高，到处求婚却均不满意。一天晚上，韦固在外散步，遇见一位鹤发童颜的老人，身背布袋，在月光下看书。韦固却一个字也不认识。

韦固好奇地问：“您这是什么书呀？”老人说：“这是记载人间姻缘的天书。”“那您布袋里装的什么啊？”“红线。将红线的一端系男人脚上，另一端系女人脚上。这二人无论相隔万里、千般阻碍，都会结为夫妻。”老人说着，抽出一根红线抛向空中。韦固急问：“那我的妻子在哪里呢？”“城北卖菜王婆婆的女儿。”老人说完便消失得无影无踪。

第二天一早，韦固赶到城北王婆婆家。可是，王婆婆的女儿才刚刚三岁，且衣着破烂，奇丑无比。韦固很生气，拔剑刺去，正中小女孩的眉心。随后韦固仓皇逃离。

十四年后，韦固依然独身。有个高官叫王泰，很欣赏他，就将自己十七岁的侄女介绍给他。韦固看过画像，还算满意，就选个吉日成亲了。婚后，他发现妻子眉心贴着一朵花钿。经细问，原来正是当年被自己刺伤的那个女孩儿。二人惊叹不已，原来姻缘自有天定。从此，人们都知道有位专管人间姻缘的婚姻之神——月老，而他手中的红线神奇无比，那可是千里姻缘一线牵，想逃都逃不掉的爱情之绳呢！

问名礼——问女姓名

问名是“婚姻六礼”中的第二个程序。女方如收下男方使者的礼物，就代表同意这门婚事。纳采礼毕，使者出门。但使者并不回家，而是向女方看门人传话说，您家主人同意这门婚事了，所以我还想问尊府的姓氏。看门人回府禀告，主人再次请使者进来。使者说：“您既然同意议婚了，我们回去要占卜，所以想询问你们的姓氏？”就是询问女方祖上是从什么地方迁来的，姓氏有无更改，以及女子的出生年、月、日、时，即民间说的“生辰八字”。女家详细告之。问名时也是以雁作为礼物，女方家则要用醴（lǐ）酒（甜酒）款待使者，并准备肉干请使者带回。使者接收，带回去向男方家复命。

同姓不婚配

古时，每一家都有族谱，了解女方姓氏，就是避免出现同姓婚配。如果同姓婚配，将来的孩子得遗传病的可能性很大，必须慎重。从先秦文献来看，同姓不婚已经成为周代社会的婚姻法则，娶同姓为妻是违反礼制的行为，要受到舆论抨击。其实古时同姓不婚主要是避免近亲结婚，因为八百年前可能也是一姓之人。这与现代法律规定“三代近亲禁止结婚”的条例非常类似。

纳吉礼——告知吉日

纳吉是婚姻六礼中的第三个程序。在男方得到女方姓氏及女方的生辰八字后，就要请人到家庙或祠堂中，根据相关信息进行占卜、预测吉凶了。如果得到的信息是吉，就会立即派使者去女方家再次送一只雁，通报吉兆且符合天意，这个仪式称为纳吉礼。行过纳吉礼后，婚约就算确定了。当然，若男方家在祖庙占卜得凶兆，则预示婚事不成，那么就可能中止婚姻议程，也就无须再举行纳吉之礼了。不过，即使中止婚姻议程，也要派媒人去告诉对方，并说这是天命不合，不敢违背天命。

纳吉辞令

古人在婚姻六礼中，都有一套专门的辞令，以示尊人及自谦。纳吉时的辞令是这样表达的：使者对女方家的主人说："您把贵府的姓氏及小姐的八字告诉了我们，我们回去占卜，结果是吉兆，故来向贵府通报。"女方家也谦虚地说："我们家的姑娘没有很好的教育，配不上你们。既然占卜说的是吉兆，我们就共同享有这份吉利，所以不敢再推辞了。"

纳征礼——致送聘礼

纳征，是婚姻六礼中的第四个程序，即我们今日所说的正式订婚。纳征时，男方家就要派人专门去向女方送聘礼，以正式确定双方的婚姻关系。古时，男方要在早上送给女方黑色的帛三匹，浅黄色的帛二匹。古代认为阳奇阴偶，象征阴阳齐备，顺乎天地。另外，聘礼还有两张鹿皮，寓意为配偶成双。古人轻财重义，这些礼物的象征意义大于实际价值。随着时代的变迁、生活的富裕，后世聘礼逐步为金钱财物所取代，礼品及礼金数量也是不断增加，并且聘礼的多少，也需要媒人与女方协商一致，所以纳征又称"纳财"。关于聘礼的多少，在《朱子家礼》中特别提到：各家可以根据贫富情况来决定多少。家贫的，最好不低于布帛两匹；家富的，最好不超过十匹。否则，就违背礼仪了。而今日一些地方的风俗，女方竟然向男方索要聘礼达几十万元之巨，以致让男方四处讨借聘礼，这是不合礼仪的。在订婚时，还要邀请双方族人及重要亲朋参加订婚仪式，这是让双方亲人共同见证双方的婚约。

不可随意悔婚

依照“父母之命，媒妁之言”，男女双方正式订婚后，原则上是不可以随意废弃婚约，即悔婚的。这套制度以后越来越完善，到了唐代，如果悔婚，又没有特别正当的理由，当地官府是可以处理的，这些都是有法律依据的。宋朝规定在订婚后，男家无故三年不娶，女方在告知官府并退还聘礼后，可以主动解除婚约。明律规定收受聘礼后，不管是男方家还是女方家悔婚，都要处杖刑。对悔婚后聘礼的处理，各朝基本相同，如果是男方悔婚，则女方家不必退还聘礼；若女方悔婚，女方家就要退还聘礼。其实，即使是现代社会，没有正当理由，正式订婚后再随意悔婚，也是严重违背礼仪的行为。

请期礼——选择良时

请期是婚姻六礼中的第五个程序，即确定结婚的日期，民间俗称“送好”。在男女双方订婚一段时间后，男方会通过占卜，选一个适合举行婚礼的黄道吉日。古人认为婚姻是天作之合，所以在日期上也要选择吉日，以顺应天道。吉日确定后，为表示对女方的充分尊重，男方会专门派使者带上雁礼，去女方家请求婚期。这个仪式称为“请期”。其实，现代社会大家举办婚礼，也要选个好日子。男女双方越重视这门亲事，就越重视婚期的选择。婚礼日期最好选择阴历和阳历都是双数的日期，这是成双成对的寓意，尽量避开单日、不太吉利或不适合结婚的日子，特别是一些忌日等。这些都是希望婚姻从吉祥开始，能白头到老、地久天长。

请期辞令

在古代社会，娶亲的日期，一般情况多是由男方家决定。但男方出于对女方家的尊重，选好吉日后不能直接告知女方家，而是派使者带上礼物并以

上邪

汉乐府

上邪，
我欲与君相知，
长命无绝衰。
山无陵，
江水为竭。
冬雷震震，
夏雨雪。
天地合，
乃敢与君绝！

请求的口气，去和女方家商量，去征求女方哪天合适，这也充分体现了男方的谦卑。所以，女方家通常也会谦虚地说："这是你们家的大事，你们有亲迎的吉日吗？"使者这时会说："我们也选择了个日子，但不知是否合适？您有没有什么意见？"女方家会接着说："还是请孩子夫家决定吧！"于是，使者就会将已占卜好的吉日告诉女方家。如果这个吉日女方家没有特殊情况，日期就确定了。"请期"实际上是谦辞，这是对女方的尊敬，是基本的礼仪。但如果直接告诉女方娶亲的日期，就有不尊敬对方意见的嫌疑了，这是自大傲慢的行为。

亲迎礼——迎亲

亲迎，即现在的"迎亲"，是婚姻六礼中的第六个程序，也是婚礼中最核心、最隆重的仪式。所以古人认为，没有经过迎亲、拜堂礼仪，是不能称为正式夫妻的。这与现代社会，没有领取结婚证，就不能称为法定夫妻的道理相同。迎亲这个仪式，不是由媒人或使者来完成的，而是由新郎亲自到女方家去迎接，所以又称"迎娶"。另外，现代社会都是在白天迎亲，古人在晚上迎亲。无论是白天还是晚上，迎亲仪式都是婚礼中必不可少的重头戏。

布置洞房

在迎亲前，男方要做的头等大事就是准备新房了，民间俗称“喜房”“洞房”。因是新郎新娘居住，又是新婚大喜之事，所以布置新房必须体现新意和喜气。从房屋装修到家具摆放，从铺盖到洗漱用品，全部焕然一新。需要提醒的是，布置新房可简单、可豪华，但让新人用旧物，是违背礼仪的。而新房内的图案及挂件，要以吉祥、和谐、甜美为主，如“麒麟送子图”“龙凤呈祥图”“鸳鸯戏水图”等，都是常见的配饰，寓意婚姻美满、吉祥如意、恩爱和谐、多子多福。另外，还要提前向亲友发喜帖，诚邀他们前来观礼，并在家族中选一名德才兼备的长辈担任婚礼正宾（司仪），选一名父母双全、子女双全、丈夫健全的“全合人”做娶女婆。以上诸多准备，表明古人对婚姻的重视。

迎娶新娘

迎亲这天，新郎穿戴爵弁服，爵弁服以玄色（黑色）丝衣，纁（xūn）色（浅红色）下裳组成，象征天地之合。新郎乘坐漆过的马车，去女方家迎娶新娘。《朱子家礼》载：临行前，主人在祠堂向祖先禀告，祭酒。接着，父亲要亲自为儿子敬酒，郑重地教导他：“去迎接你的内助，以继承我们宗室之事。勉励和引导她恭敬从事，以继承我们先祖的美德。你的言行要有常法。”儿子回答说：“是，只怕我不能胜任，但绝不敢忘父亲的训诫。”新郎饮完酒后和随行人员一起出发。来到女方家，在接待处等候。新娘父亲同样在祠堂里向祖先禀告。新娘身着华服，头戴美饰，在陪嫁者的伴同下，在房内面南而立，等待新郎的到来。新娘父亲到大门外迎接，新郎进来献雁。彼此作揖，进门。新郎将雁放地上，女方侍从人员接受雁。新郎在东房前向岳父行再拜叩首之礼。然后走下西阶。新娘在陪嫁者的陪同下出房。然后跟随新

迎娶新娘

郎从西阶下堂。此时，父母与女儿话别，并告诫女儿：“要恭敬从事，孝敬公婆，尊敬夫君及家人，不违闺门之礼。”新娘答：“谨听父母之言，日夜不敢忘怀。”

然后，侍从扶新娘出门上轿，新郎亲自驾车，车轮转动三圈，表示迎亲的车是新郎亲自启动的。然后新郎下车，交由车夫代替新郎驾车上路。新郎则提前来到自家门外，迎接新娘的到来。新娘到达后，新郎要先对新娘行作揖礼，恭请新娘下车。

跨火盆

新娘下车后，在新郎的牵引下进入家门。此时，很多地区会在院子中间放一个“烧炭盆”，并将木炭点燃，火势非常旺盛。这时，新郎和新娘就要一起，毫不犹豫地从火盆上跨过去。这个习俗象征着小夫妻日后的生活红红火火、家兴人旺。

婚礼延续

阴阳和合

新娘下车后，迎亲礼结束，婚姻六礼也基本完成了。不过，后世还有很多婚礼仪式，也是婚姻六礼的延续，将婚礼推向一个又一个高潮。无论传统婚礼仪式是简是繁，其核心精神都是阴阳和合、夫妻恩爱、长相厮守、白头到老，成为一个完整的『人』，并在『阴中有阳，阳中有阴，阴阳和合』中修得人伦大道，『在天愿作比翼鸟，在地愿为连理枝』，生同衾，死同穴，海枯石烂，天长地久，不离不弃。

交拜礼——拜堂成亲

《朱子家礼》上记载，新郎等待新娘下轿后，新郎对新娘作揖行礼，然后引导新娘进入家中。入大门后，新郎新娘不直接入洞房，还要举行一个特别的仪式——夫妻交拜礼，俗称拜堂，又称“拜天地”。此礼仪起于唐末，明代以后更加重视。后来还在拜堂的大厅前，设一张供桌，上面供奉“天地君亲师”牌位，男方父母则在牌位东侧落座。新郎、新娘就位后，先由娶亲婆上香并在正宾的引导下，行稽首礼，敬拜天地、祖宗和父母，然后女东男西，行夫妻交拜礼。也有很多地区的拜堂仪式是“一拜天地；二拜高堂；夫妻对拜，送入洞房”。至此，交拜礼结束。

同牢而食——同甘共苦

“在天愿作比翼鸟，在地愿为连理枝。”新郎新娘拜堂成亲后，就要在洞房内同吃新婚第一餐。新郎对新娘作揖，请新娘入席。新郎在东，新娘在西，对席而坐。每人面前除了各自的主食、酱、醋和调料外，还有新婚夫妇共同享用的鱼肉、风干的全兔及乳猪等食物，这就是我们常说的“同牢而食”。为什么要同吃一份食品呢？因为从此以后，夫妻二人是同吃同喝、同起同眠、同甘共苦、同富贵共患难了。另外，因古代男女之间不太交往，所以彼此不太熟悉，如今骤然成了一家人也有点紧张、不自然，而通过这样的仪式，让新婚夫妇之间的亲密程度迅速提升，尽快进入亲密状态。而今天的婚礼，在闹新房的时候，总是有让新郎、新娘一起咬一个苹果，或者同吃一块喜糖的习俗，正是古代“同牢而食”的遗风。

合卺礼——夫妇同体

新婚夫妻“同牢而食”后，还有一个重要的婚礼仪式——合卺礼，即民间说的“交杯酒”。卺（jǐn）是一种匏（páo）瓜，俗称苦葫芦，味苦不可食，只能做合卺用。合卺，就是将一只葫芦破为两半，又以一根红线连其两端，盛上喜酒后，新郎对新娘作揖，然后共同举起，各饮一卺。象征夫妻本为二体，如今把二人连成一体，故先分而为二，后合二为一，正是“你是你，我是我。如今你已不是你，我已不是我。因为你中有我，我中有你”的充分体现。并且，“匏”是古代八音之一（匏土革，木石金，丝与竹，乃八音），有调和音韵之用，所以“合卺”又有新娘新郎婚后琴瑟和鸣、夫妻恩爱永久之深意。

拜公婆礼——孝敬公婆

“洞房昨夜停红烛，待晓堂前拜舅姑。妆罢低声问夫婿，画眉深浅入时无。”在婚礼第二天早晨，新娘就要早起，沐浴装扮，穿戴整洁，然后去堂上拜见公婆，古称“拜舅姑”。此时，公公婆婆在堂上东西端坐。新娘先将枣、栗献于公公，再将干肉献于婆婆。公公婆婆收下礼物。此时，由赞礼者代表公婆向新娘敬醴酒（甜酒）致礼，表示新娘已经正式成为家庭成员了。然后，新娘将一只煮熟的小猪，左右对剖成两半后，分别进献给公婆，表示从现在开始，新娘要以儿媳的身份孝敬公婆。然后，公婆设食款待新儿媳，同吃第一顿饭，并赠送新儿媳礼物。礼毕，公婆从西阶下堂；新郎新娘从东阶下堂。东阶是一家之主上下的地方，在儿子没有娶妻时，东阶是父母专用。现在新娘入门，就意味着家庭成员职权交接，新娘成为一家之主妇了。

庙见礼——拜见祖先

《朱子家礼》上说，结婚三日，主人带着新媳妇去祠堂拜见祖先。如果公公婆婆已经去世了，还要用“奠菜”的礼仪，去祭拜先公先婆。古时，新媳妇在三个月时才举行庙见礼。后人感觉时间太长了，就改为第三日举行。这是中国文化中“事死如事生”的精神体现，因为“祭神如神在”，家族中有新人入门，怎么能不禀告先人呢？

拜公婆礼——孝敬公婆

婚前教育

俗话说“娶个好媳妇，幸福三代人”，这是很有道理的。好媳妇，一是孝敬公婆，家庭和睦；二是帮助丈夫，夫妻和顺；三是教育子女，惠及子孙后代。《礼记·昏义》又说，媳妇孝顺，然后家庭才能和谐安定；内部和谐安定，然后这个家才会长久不衰。所以，古代女子在出嫁前三个月，就要接受女师对她进行系统化的婚前教育，教她做好有关妇人贞顺的德性、言语的应对、女红的技巧、仪容的整洁，以及家事的处理等学问。待学成以后，还要在宗庙中郑重地祭告祖先。

回门礼——新人归宁

《朱子家礼》上说，庙见第二天，即新婚第四天，新女婿要去拜见岳父岳母。来而无往非礼也，往而不来亦非礼也。新媳妇拜见公婆后，新女婿怎能不去拜见岳父岳母呢？而对于新娘来说，出嫁后就意味着成为夫家的人了。而以前的家，已经成为娘家，自己也成为亲戚了。因此，严格来说，这是女儿第一次回娘家，所以民间俗称“回门礼”或“旋门礼”。所以，女方接待新人回门非常隆重，这可是女儿真正意义上第一次回娘家省亲。回门时，岳父对新女婿的迎接揖让等礼仪，如待贵宾。新女婿拜见岳父岳母时，岳父要搀扶他起来，并且要有见面礼。同时，新郎还要拜见岳父家诸位长辈及族人们。当然，对于受礼的长辈，一定要送红包给新女婿哦！有的地区，女方族人还要轮番宴请新女婿，其隆重规格不亚于婚礼。回门礼过后，整个婚礼便圆满结束了。

射礼

立德正己

射礼

我国的弓箭史源远流长。春秋时期，礼崩乐坏，诸侯纷争，弓箭之道已沦为战争工具及军事技能。于是，儒家将弓箭的作用融入礼乐教化之中，讲究谦和、礼让、庄重，提倡『发而不中、反求诸己』的君子之道及道德自省，这就是射礼。射礼是中华礼仪文化的重要形式之一，是先贤们寓德于射、寓礼于射、寓教于射的人文精神与军事技能、体育运动的完美结合。射礼分为四类：大射礼，就是天子与群臣习射之礼；燕射礼，就是天子诸侯与大臣在宴饮之后举行的射礼；宾射礼，与故友之间的射礼；乡射礼，每年春秋两季，各州府为教化民众而举行的射礼。四类射礼除参加人员及规格不同外，射义及程序基本相同。其中，乡射礼影响最大。

乡射礼程序

根据礼仪要求，乡射礼举行地点在州府的学校内。射礼举行前，要选择主宾及观礼嘉宾。主宾由一位德高望重的处士担任，以示尊贤之风。射礼举行前，州府的行政长官还要亲自登门请主宾参加乡射礼。射礼之日，州府的行政长官要在学校门外恭迎主宾。待双方相见后，相互行揖礼入场登堂而立。乡射比射以二人为一组，称为“耦”。乡射礼用大夫的规格，所以是三耦。司射从州学中挑选六名德才兼备的学子，配成三耦，然后恭敬地站在正堂西侧，等待乡射礼正式开始。

试射演示

在三轮比射之前，还有一个程序叫诱射，就是司射先为大家做示范，包括周详的礼仪：司射先在正堂西侧行揖礼，然后进入正堂。到达正堂阶下时行揖礼。走上正堂后，再行揖礼。然后，司射先将左脚踩到射位符号上，面朝西，再扭头向南，目视靶心中部，以示心志在射箭。然后，俯看双脚，调整步伐，挺胸，正头，开弓射箭。待四支箭全部射完后，用右手搭在弦上，朝南方作揖。然后下堂，返回原先的位置上。

三轮比射

接下来，三轮比射正式开始。双方射手们按礼仪先后上台，并互相行揖礼。第一轮比射，不计成果，侧重于射手的练习，也有现代人“友谊第一、比赛第二”的含义。第二轮比射参加者，除三耦人员外，还有主人、特邀主宾及观礼嘉宾，虽计算成绩胜负，但有“重在参与”的寓意。第三轮比射与第二轮比射基本相同，但有音乐伴奏，需要射手控制动作节奏，以符合鼓乐的节拍。不符合鼓乐节拍者，不计算成绩。节奏的寓意是

克己复礼、遵循法度，这是士子应尽的职责。最后，由有司统计射箭成绩，公布胜负结果。胜者为不胜者斟酒，口称谦辞“承让”。不胜者口称“不敢”，一饮而尽。然后，双方行揖礼，三轮比射结束。

君子之争

三轮射箭比赛结束后，接下来是安排旅酬，就是双方射手及观礼嘉宾们共聚一堂，饮酒庆贺的节目。大家一边敬酒相贺，一边相互行揖礼，乐队奏乐、歌唱以助兴，喜气洋洋，热闹非凡。饮酒完毕，主人恭送主宾及观礼嘉宾于学校门外，互相行揖礼告别。所以孔子说：“君子无所争；有，也只是射箭的时候。但他们射箭前必按礼而行，射完后又共同饮酒，快乐地相聚，再按照礼仪分开。他们即使争，也有君子风度啊！”

射礼的意义

《礼记》认为：射礼，是用来观察一个人的道德是否高尚的标准之一。射箭的人，不论前进、后退、左右旋转，一定要符合一定的规矩。内心要意志坚定，外表要身体挺直，心平体正，拿得稳，瞄得准，认为一切妥当才发射出去。如果打不中目标，也不埋怨胜过自己的人，而是检讨自己有什么不对才是。所以，射箭包含了“仁”的道理。

军礼

军中之礼

军礼

军礼是师旅操练、征伐之礼，是有关军事活动的礼仪，为国家大礼。《周礼·春官·大宗伯》说：『以军礼同邦国。』就是说，对那些不守法度、桀骜不驯、叛乱忤逆的诸侯或敌人，就要用军礼使其服从，让天下归于大同。《礼记·月令》中记载：秋为金，寓意萧杀之气，天子顺应天意，挑选将帅，训练士兵，讨伐不义，责罚暴戾不驯之徒，让天下辨清善恶，然后四方的人民才能闻风敬服。这充分说明，礼乐与征伐，是阴柔与阳刚的区别，好比车辆的两轮，缺一则偏废。

诗经·大雅·大明

有命自天，
命此文王。
于周于京，
缵女维莘。
长子维行，
笃生武王。
保右命尔，
燮伐大商。
殷商之旅，
其会如林。
矢于牧野，
维予侯兴。

出征之礼——师出有名

据《周礼》记载，军礼包括战前、战中及战后一系列礼仪。其中，战前之礼主要有大师之礼，又称出征之礼，是指战争要师出有名，不能打不义之战，以及交战双方所要遵循的规范或原则，大师礼包括祭祀、誓师等方面礼仪。祭天之礼是将征伐之事上告天帝，是顺应天意，并以天帝的名义去惩罚敌人，一般要皇帝代表天帝去御驾亲征；祭地之礼寓意战争是为了保卫国土，是为了社稷才不得已所做的事情。誓师礼的目的是揭露敌人的不义和罪行，这是为了顺应民意民心，以有道伐无道，是战前的动员大会，以激励将士们英勇杀敌，调动全国人民为正义而战的热情。《诗经·大雅·皇矣》就是描写文王誓师亲征，顺应上天眷顾周土，攻伐密、崇二国及举行祭祀的场面。而历史上商汤伐夏桀的《汤誓》、周武王伐纣的《牧誓》等，都是上古著名的誓师礼上的誓师辞。

从军行·其四

唐·王昌龄

青海长云暗雪山，
孤城遥望玉门关。
黄沙百战穿金甲，
不破楼兰终不还。

刑赏之礼——赏罚分明

战争中的礼仪主要是刑赏礼，就是我们说的军队纪律及行赏与处罚条例。战争是一个国家的头等大事，关系到军民的生死、国家的存亡。所以，军队在外行军打仗，需要钢铁般的纪律，步调一致，号令必行，而刑赏礼法更须严明，公正无私，所有人必须遵守。历史上孙武练兵杀吴王宠妃的故事，就是刑赏礼的代表。此外，军队进入敌国后，不杀投降将士，不抢掠财物，不烧杀民众，不奸淫妇女，不破坏神社宗祠及重要建筑等，使人知道什么可做，什么不可做，有功之士厚赏，有过之士重罚，违法乱纪者按礼法处置。这都是军礼的核心内容，也是仁爱民众的礼仪之本。

宣露布礼——公布捷报等

为了让天下人知道战争胜利的捷报，北魏时在军礼中增加了新的内容——宣露布。露布，是指不加封检，公开宣布的捷报、檄文及其他紧急文书等。宣露布就是专为战争胜利颁发露布而举行的仪式。北魏王朝每有将士凯旋，便将胜利的消息写在帛上，然后立一根旗杆，将帛书系在杆上，让天下人皆知，以激励、鼓舞民心。从此，这一礼仪也为后代所沿袭。

周亚夫驻军细柳

汉代名将周亚夫，曾驻军细柳，以防备敌人的侵扰。一次，汉文帝到边关去慰劳军队。文帝先到霸上和棘门两个军营，长驱直入，守将们都骑着骏马争先恐后地来迎接。

不久，文帝又来到周亚夫镇守的细柳军营。只见官兵们都身披盔甲，刀剑出鞘，弯弓搭箭，随时待命。文帝的先行人员到了营前，不准进入。先行人员告诉守将："我们是皇帝侍从，皇帝马上驾到，请你们开门迎接。"镇守将官回答："按照军礼，军中只听将军命令，不听天子召唤。"一会儿，文帝驾到，同样不能进入。文帝只好派使者拿着自己的符节去见将军，周亚夫这才传令打开军营大门。守卫将官对文帝说："按照军礼，军营中不准纵马奔驰。"于是，文帝只好让马慢慢前行。到了大营，周亚夫行拱手礼，说："穿戴盔甲的将士不能行跪拜礼，请允许我以军礼参见。"文帝马上神情严肃地俯靠在车前横木上，派人致意道："皇帝敬重地慰劳将军。"劳军礼仪完毕后，文帝庄敬地与周亚夫辞别。出了军营大门，文帝感叹地说："啊！这才是真正的军礼，这才是真正的将军。先前两个军营，简直是儿戏，敌人随时可以偷袭成功。至于周将军的大营，谁能够侵犯呢？"

凯旋之礼——胜利归来

战争后的礼仪主要有凯旋礼、饮至、封赏等礼仪。将士出征，最大的理想莫过于获胜而归，谓之"凯旋"，而凯旋一定要进行庆功典礼。其时，天子率众大臣盛装出城，迎接至数十里之外，百姓们排列路旁，礼炮齐响，凯乐齐鸣，凯歌高唱，声震数里，威风凛凛。如果将士打了败仗，称为"师不功"，或称为"军有忧"。将士回来时，就以丧礼迎接，国君及文武百官身披丧服，头戴丧冠，失声痛哭，并且吊（唁）死（者）慰问伤员，慰劳将士。凯旋或败军归来，天子都要论功行赏或论过惩罚，称为"饮至"。

凯旋之礼

田猎之礼——军事训练

田猎是军礼组成的重要部分。《左传》上说："国之大事，在祀与戎。"意思是说国家的大事，只在于祭祀与战事。除了我们说的战争中的军礼外，平时也应该对军队训练有素，对战事有所准备，要有以战止战的思想，这也是礼仪要求。所以《礼记·月令》记载，仲秋这个月，要举行田猎之礼，教人民以战阵之法，操练弓箭、刀剑、矛戈、棍棒等各种武器，以及驭马养马的规则，战车、战旗的使用及训练等。同时，礼法还规定，田猎之时，不捕幼兽，不采鸟卵，不杀有孕之兽，不伤未长成的小兽，不破坏鸟巢。另外，围猎捕杀要围而不合，留有余地，不能一网打尽、斩草除根。虽然是军事训练，但也要符合仁义之道。而《诗经·小雅·车攻》一诗，就是描写周宣王在东都举行田猎活动，既有军事训练和军事演习的作用——能宣扬军威，震慑诸侯，又能会合诸侯、联络感情、彰显仁德的盛况。

大阅之礼——阅兵仪式

国家在适当时间要训练军队，同时也要检阅训练效果，所以《礼记·月令》有记载，孟冬之月（十一月），天子乃命将帅讲究武功，演习骑射并比赛勇力。后代据此定大阅之礼，即今天的阅兵仪式。大阅兵的目的是检查备战状况，所以天子必须亲临，称为"亲讲武"。据《唐史》记载，唐朝时多次举行大阅之礼，其中阅兵规模最大的一次是先天二年（713年）十月十三日，唐玄宗骊山大阅之礼，"征兵二十万，旌旗连亘五十余里"。因军容不整，玄宗震怒，兵部尚书郭元振差点被杀，幸赖宰相刘幽求等跪在马前苦谏，才得以免死流放。而给事中、知礼仪事唐绍就没有这么幸运了，被以"制军礼不肃"的罪名处斩。由此可见，我国古代的军礼之严。此外，还有军队建制的礼仪——军容之礼、进退之礼等，无不体现了中华军礼的礼法兼治、宽严相济之道。

丧祭礼

慎终追远

丧祭礼

孔子说：『生，事之以礼；死，葬之以礼，祭之以礼。』意思是说父母活着的时候，为人子要以礼来侍奉父母，按照礼节要求一丝不苟地去落实。礼的本质是敬爱，事亲尽礼就是从内心做到对父母的孝敬爱护；父母去世之后，要以礼的规范来办理丧葬之事。这个丧礼也很重要，为什么呢？这是充分表达为人子的哀伤、孝思。还有，只要在自己有生之年，就要依礼来祭祀自己的父母及先人，缅怀他们的事迹，不忘他们的恩德。

寿终正寝

古人有正寝与燕寝的区别。燕寝处于堂屋的侧位，即偏房，是日常生活起居的地方；正寝处于堂屋的正位、中位，是正性情、斋戒的地方。所以古人常说“死于适室”，就是人在终老之际，移到正寝中自然去世。这样就可以称得上“寿终正寝”了。因此，凡家中有人生命垂危时，就要迁移到正房。因为正寝是一家中最尊贵、最安静、最清洁的地方，这也是对逝者的充分尊重，体现了高度的人文精神。所以，现在还有很多老人住院病危之际，一定要坚持回到自己家中，就是这种“寿终正寝”的观念。并且，在自己生活多年的熟知的环境下，自然逝去，从人的心理上说，这就像与故交老友告别一样，应该也是一种温暖的、温馨的、温情的安然回归。

沐浴之礼

生者应穿戴整齐，亡者也应该仪容整洁，让其干干净净、有尊严地离去，这就是中国的礼仪之道。所以，在招魂不醒并移床后，就要为亡者沐浴净身、梳理头发了，包括剪指甲、修胡须、洗头簪发、穿上贴身的衣服等仪式。为亡者洗发簪发要用煮过的淘米水，这是因为古人留长发且盘发，在去世时，头发非常干枯弯曲，不滋润无营养，不能理顺服帖，而淘米水可以让头发滋润柔软，利于梳理，且留有余香。沐浴更衣时，需要家族中同性来处理，这是男女有别的礼仪。无论洗发盘发或剃须，还是沐浴身体、修剪指甲等，都要像对待生人时那样，小心谨慎，恭敬有礼。

饭含之礼

沐浴之礼后，接着给亡者口中放米和贝，这种仪式称为“饭含”。具体做法是，丧主用小勺取米，小心翼翼地放入亡者口内的右侧，放三勺，再加一枚贝；然后再按同样的方法，小心翼翼地在亡者口内的中间及左侧，放三勺，再加一枚贝；最后再用米将亡者口中填满。寓意为亲人不忍心亡者空着嘴巴离开人世。对待死者尚且如此，又怎能忍心在父母长辈生前时不尽心孝敬呢？这都是“事死如事生”的孝道培养。当然，如果在生前不能孝养，即使身后之礼再周全，也是虚情假意之礼，是孔子强烈批评的“人而不仁如礼何？人而不仁如乐何”是违背礼仪之本的。

报丧之礼

报丧，是指丧亡之家在向亲朋好友报告亡者的死讯、丧期和葬期。早在周代时，报丧礼俗就已经形成并完善了，人生万事唯死亡最大，“匿丧不报”是严重违背礼仪的。报丧时间在亡者第一天，即派孝子亲自前往亲友家中报丧，路途遥远者则用书信报丧，现代人多用电话等方式报丧，但用短信或微信形式则有失郑重。报丧时，孝子要身穿孝服到亲友家大门外，喊话通告，不能进门入室。亲友及家人来迎接时，报丧者要行礼叩拜。一般平民多为口头报丧，世家大族多用书面报丧，称为“讣告”或“赴告”。近亲听到亡者消息，会号啕大哭并询问亡者的去世时间及原因等情况。一般亲友听到亡者消息，要面呈哀戚悲痛之容，并安慰报丧者，请丧家节哀顺变。而丧家的门口也要挂上“纸幡”标志，有的地区叫“通天纸”或“挑钱”，男左女右，以提醒街坊邻里及亲朋好友前来吊唁。

吊唁之礼

亲友收到丧报，就要即时前往吊丧并慰问死者家属，这就是“吊唁”。而接到报丧的亲友，都是与亡者有着密切关系的人，如果没有特殊情况，是一定要去吊唁及送行的，否则就是严重违背礼仪了。因为这是他们之间最后的相见与送别，是表达与亡者感情的最后机会，以后就要阴阳永隔，永远不能再见了。所以在古代，如果接到报丧，在三日内没有去吊唁，又没有特殊情况说明原因，亡者家属就会与其绝交的。还有什么事情比死亡之事重要的呢？除非你对亡者没有一点感情，也对亡者及家属的哀伤根本不在乎。

此外，吊唁时一定要穿素服，避免红色及艳丽服饰，仪容要哀戚凝重，言辞要低婉伤感，与丧事无关之事不说。无论吊唁者年龄大小，只要不是长辈，就要向亡者哭祭并恭敬地行跪拜礼，这是传统社会“死者为大”的礼俗。现在城市中吊唁亡灵时，多以鞠躬礼代替跪拜礼。无论何种礼仪形式，都要真诚地表达对亡者的沉痛哀悼之情及对亡者家属的抚慰之情。同时，亲友前来吊唁时，要有孝子迎接；吊唁者哭祭行礼时，孝子孝孙要陪同哭祭行礼。

小殓之礼

为亡者穿衣、换铺盖、加衾（被子）的仪式，称为小殓。时间安排在亡者去世的第二天早晨，在正寝中进行。小殓时穿几套衣服，与亡者生前的身份高低有关，按传统士的身份规定，共十九套。这是古人认为天的终数为九，地的终数为十，含有“法天地之终数”的寓意。衾布以缁布（黑布）为被面，被里是浅黄色，这是“法天地初生之象”。而亡者的祭服要贴身放，不要放颠倒了，这是对礼服的恭敬。由于亡者此时已经装入尸袋，此时的穿衣，只是把衣服裹在身上，再用布袋捆扎牢固。接着，将亡者安放在堂上，用被单覆盖，等待大殓。

奠
奠
奠

寿衣不钉纽扣

鞋子穿好后，两只鞋的鞋带要系在一起，以防两脚分开，这是仪容礼中“站立必正”的规定。有身份地位的亡者，还要穿三套尊贵的礼服，这是亡者生前礼仪需要的延续。同时，寿衣的料子不用缎子，因“缎子”与“断子”谐音。而寿衣上不钉纽扣，只钉“飘带”，因“纽子”音“扭子”，有子孙不正之意；“飘带”音“带子”，寓意后继有人、香火不断。

大殓之礼

大殓是将亡者移入棺柩（jiù）的仪式。大殓仪式是在亡者过世后第三日，由正寝转移到室外堂前东阶上，表示亡者正在逐渐离开自己生活的地方。接着，在堂前设帷幕，依次陈放大殓衣物及用品。然后，将亡者抬到大殓席上，为亡者加衣，用带捆扎。穿戴完毕后，就要准备入棺了。大殓是亲人与亡者的遗体告别仪式，此后就与亡者终生不能相见了，所以大殓又称“入棺”。入棺前，要选定吉时，并进行祭奠仪式。然后，将亡者小心翼翼地抬入棺内，合上棺盖。丧主及亲人号哭顿足，不计其数。大殓完毕，帷幕撤去。丧主及亲属自此时起正式服孝服。

合龙口

入棺完好后才可以盖棺，俗称“合龙口”，一旦合了“龙口”就不能再开启了。所以，如果娘舅家亲人未到，没有查看亡者的穿戴用品是否齐全、棺柩是否满意，“龙口”就要留着，只有等他们仔细检查并满意后，才能“合龙口”。这种安排既是对亡者的尊重，也有监督亡者家属在“慎终”时，是否尽心尽孝地办理后事的用意。

慈乌夜啼

唐·白居易

慈乌失其母，
哑哑吐哀音。
昼夜不飞去，
经年守故林。
夜夜夜半啼，
闻者为沾襟。
声中如告诉，
未尽反哺心。
百鸟岂无母，
汝独哀怨深。
应是母慈重，
使汝悲不任。

（节选）

出殡之礼

亡者入棺后，便进入停“灵”待葬阶段，称为殡。而出殡，就是把灵柩从家里抬到墓地的过程。按古礼，停“灵”三月而出殡，这是因为古代交通不便，有路途遥远的亲朋，如果时间太短就无法参加出殡入土仪式。但时间过长，亡者遗体就不易保存，让生者不胜其劳。所以，后世多采用大殓以后再停“灵”三天而出殡，即死亡七天出殡下葬。在出殡之前，要占卜墓穴，还要选择出殡的吉时、下葬的吉时；要为亡者举行丧礼中最隆重的一次祭奠仪式，因为这是亲友们最后一次祭奠亡灵；要陈列为亡者入土的明器（随葬品）；在即将出殡时，还要到祖庙前向先人举行告别仪式，这是向列祖列宗们最后告别，亡者马上就要离开这个家了。活着的人需要“出必告，返必面”，亡者也要遵守这个礼仪。出殡后，孝子们走在“灵车”前，孝女们跟在“灵车”后，号哭顿足，不计其数。

下葬之礼

中国文明是典型的农耕文明，我们常常把大地比喻为母亲，女娲造人时也是用泥土捏成。我们是因土而生，因土而养，因土而长，也要与土终老而“入土为安”。所以，土葬礼仪特别受到汉族人的重视，也更符合慎终追远的情感价值。亡者先以木棺装殓，然后深埋土中，再积土为坟，植树为林，成为逝

下葬之礼

者的理想墓地及精神家园。

在灵柩向墓地前进时，孝子们不断地爬在灵柩前哭啼不前，民间称为“拦灵”，因亡者到了墓地，就要入土掩埋了。所以，能“挡灵”一会儿，就能多陪亡者一会儿。而孝子手把柳杆缓缓而行，体现了无限挽留和依依之情。灵柩在走走停停中凝聚了孝子的悠悠哀思。

到了墓地，下葬仪式开始。杠夫先用杠绳把灵柩拴好，小心翼翼地抬下车，头北尾南，至墓坑口准备下葬。此时，全体孝子下跪，看着灵柩缓缓地落下墓坑。灵柩下葬后，丧主哭踊，将黑色和浅黄色帛五匹，敬献亡者。然后向灵柩跪拜叩首。起立后又哭踊。待摆正灵柩位置后，添土，夯实，堆起坟头。丧主和丧主之妇向来参加葬礼的众亲友礼拜，再次哭踊，下葬礼结束。主宾返回时，不驱赶拉灵柩的车马，感觉亡者的灵魂还要回家探看呢。

安魂之祭——士虞礼

丧礼属于凶礼，是围绕着如何处理亡者遗体的仪式。祭礼属于吉礼，是围绕着如何处理亡者精魂的仪式。而士虞礼是介于二者之间，是接续凶礼、开启吉礼，兼有丧礼和祭礼的双重意义。所以，古人在葬礼结束的当天中午，要“迎魂而返”，将亡者的精气迎回殡宫，进行虞祭，孝子一天也不忍心离开亲人的精魂，让孝子继续哀思、悼念亡者，让生者与死者进行情感沟通，也让逝者的精神及德性在祭祀中得到继承和永生。这就是“慎终追远，不忘先祖之德”的孝道精神，也是中国儒家的生死观：生死是转化的，生死是合一的。所以，虞祭是连接凶礼与吉礼的纽带，是运转生与死、阴与阳、往与来的太极图。

《仪礼》上记载，虞祭前，致祭者洗头洗澡，但不梳头。所有祭品陈列在庙门之外，以西方为尊，头朝北。虞祭时要用“尸”，即在家族孙子辈中选一位相像者担任（亡者为女性则由异姓孙女辈担任），代表先人受祭。

虞祭祝词为：“哀子某某，及其他孝子孝孙，日夜悲痛，哀思不安。今冒昧地用祭品行始虞之祭，以达于您皇考某甫。请受飨（xiǎng）！”再虞及第三次虞祭，仪式基本相同，其意义都是为了安定亡者的精魂，以免他彷徨无依。

董永卖身葬父

汉朝时，有个孝子叫董永，他幼年丧母，和父亲相依为命。后来，家乡盗贼四起，他就带着年迈的父亲，到湖北德安避难。可是不久父亲一病不起，也离开了人世。董永悲痛欲绝。可让他更发愁的事情还在后边。为医治父亲，他已经一贫如洗。现在，连买棺材的钱都没有，怎样埋葬父亲，让父亲入土为安呢？他思来想去，决定卖身葬父。

当地有位富人，为人宽厚善良。他看董永是个大孝子，就赠予他一万钱葬父。当时，富人并未将此事放在心上。但董永办完丧事，守孝三年后，毅然赶往富人家，要做工抵债。路上，董永还遇到了一名女子，就是七仙女，她为董永卖身葬父的孝行感动，所以主动下凡，嫁与董永为妻，并同他一起还债。富人未料董永还会回来，又推托不了，就与董永说，织三百匹细绢，就算抵债了。七仙女心灵手巧，不足一月便完成。从此，董永带着七仙女高高兴兴地回家了。后人就把仙女下凡的地方命名为“孝感”（今湖北孝感市）。

做七

在民间，有“做七”的传统习俗，全国各地十分普遍，这是从古代“虞祭”礼演化而来。即从逝者去世日起，第七日为“首七”，又称“头七”，以后每隔七日举行一次家祭，直到七七四十九日为止。“做七”是以亡者近亲及家族成员为主体的祭祀活动。其中，最后一次祭祀仪式

董永卖身葬父

最庄重，称为“断七”，即祭祀悼念活动到此告一段落。

中国文化特别强调群体意识，并且以家庭为核心、家族为本位，进而推广到家国天下及万物，所以圣人常讲“修身，齐家，治国，平天下”。试想，你的家人、族人尚不能友爱互助，何来慈爱天下民众？而当家族某位成员逝去，就意味着他离开了这个群体，陷入了孤单、落寂、无助的黑暗境地。所以，家族人员就会再陪伴亡灵一段时间，唠唠嗑，说说话，为他送去一份温暖与温情。在不断的“做七”仪式中，还能起到收聚族人、友爱族人、敬爱先人的教化作用，也让人反复思考人生之短暂，死亡之卒临，如何面对生与死的拷问。这就是儒家常说的“知死而后有生”的生命意义。

小祥之祭——周年祭礼

小祥之祭就是一周年祭礼，举行时间在第十三个月，举行地点在供奉先人的祖庙中。祭祀仪式与士虞礼相似，只是祝词中的时间改为“献祭品于这如期的小祥之祭”。现代很多家族因为没有祖庙了，所以只能在亡者居丧时的场所举行小祥之祭。而古人不仅要在家庙或祠堂举行，还必须在祭祀时，在孙子辈中选一位与亡者长相相似者，来代替亡者享用祭品，对这种祭祀仪式称为“飨尸”。所以，古人在祭文的结尾要用“呜呼哀哉，伏惟尚飨”，就是对这种仪式的表达。现在很多农村地区仍延续这种礼俗，而城市中基本上是用亡者遗像来代表。为什么古人要用活人来代替亡者受祭呢？这是因为孝子在祭祀时，不见亲人形象，心是无法凭依的，找一位相像者代表死者，使生者的心有所归属。另外，用“孙”代替亡者，也能看到亡者后继有人，而后继有人则宗嗣不绝、祭祀不绝，这也是文化之传承。此时，亡者逝去已经一年了，孝子们心中的哀痛也有所减轻，因此小祥后，男子可以戴练冠了，但腰间的葛布带还不能去除。所以，小祥又称“练”，即小祥之祭后，就要用“练冠”来代替“衰冠”，而练冠是介于丧服与吉服之间，标志着已由丧事逐渐变为吉事了。

守孝制

居丧，又称“守孝”“三年守制”。即孝子在亲人去世一段时间内，要节制一些日常生活，以表示对亲人离去的悲痛、思念、感恩。试想，当你出生后，三年不离母亲怀抱，时刻都要父母呵护、照料、养育。可是，当生你养你的父母亡故后，你能忍心去花天酒地吗？你有心情去游山玩水吗？所以，圣人就是根据人性人情，规定用三年（二十七个月）守孝之礼，来约束你的言行举止，在守孝期间，不吃肉，不饮酒，不游玩作乐，不嫁娶生子，面带哀戚之容，沉默寡言，谢绝应酬事务等。同时，也让孝子尽情尽性地悲伤、怀念、哀悼、追忆，不忘先人三年之怀及如天如海的生养之恩德与劬劳。

大祥之祭——两周年祭礼

大祥之祭就是两周年祭礼，举行地点及仪式基本相同，举行时间在第二十五个月。仁者不以死害生。无论对亡者的感情多么深厚，对亲人的离去多么痛苦与不舍，但都要有个节点，都要面对现实与未来，不能无限期地沉浸在哀伤悲痛之中。所以，根据礼仪规定，大祥是丧主除孝服之祭，服饰基本恢复正常了。在举行大祥之祭时，饮食也没有大的禁忌了，酒也可以少喝一点。大祥之祭后五天，就可以弹奏素琴，再过几天就可以吹笙、听音乐了。而在此之前，饮食、丧服、言行及日常生活都是有严格限制的，不能参加宴饮，不能饮酒，不能出外游乐，不能结婚生子等。

丁忧制

古人如遇父母之丧，凡在外为官之人，就要辞掉职务，在家守孝三年，期满后才能再出外做官，这种因职守丧的行为称为“丁忧”。不过，国家如因重大事情或特殊原因，可强令其出仕，称为“夺情”。但在办公时应穿素服，不能参加宴会、祭祀等礼仪活动。如果因贪恋权位而不辞职丁忧，就要受到社会舆论的强烈批评，被骂为大不孝的禽兽行为。

禫祭——三年祭礼

禫（dàn）祭就是三年祭礼，但古人并不是三周年，一般采取二十七个月。禫祭之后，丧服完全去除，不再有任何禁忌。小祥、大祥之祭，与禫祭仪式虽然大体相同，但场面相对很小，仪式相对简单，基本上都是小范围的近亲们聚在一起哀悼追思亡者。而禫祭时，丧主可以通知各位亲朋嘉宾，参加祭祀之礼。禫祭时，杀猪宰羊，迎接来客，追悼亡者之功，祭奠亡者之灵，陈列、焚烧明器，场面极为隆重。很多地区甚至把禫祭当成喜事来办，戏曲歌舞，吹拉弹唱，宴饮百客，礼乐礼炮，此起彼伏，热闹非凡。禫，本来就是淡然平安的意思，也就是丧家之痛至此结束，应逐渐恢复到平时正常的生活了。人生一世，草木一秋，天地运行已经循环两周，春夏秋冬已经两次轮回，再荣枯的草木也应该复苏更生、发新芽新枝了。这也是禫祭为什么安排在亡者两年又两个月后举行的意义，新的生命从此起航，一切生活重新开始了。凤凰涅槃，浴火重生，生中有死，死中有生。这是生命的大豁达与大洒脱，也是中国文化的精妙之处。

赵宣伪孝

东汉时强调以孝治天下，奖励有孝行的人。山东青州有个叫赵宣的人。他在父母去世后，守孝三年，还时常扬言对父母哀思不已。所以他又住进墓道里陪伴父母，而且一住就是二十年。因此赵宣之孝名闻天下，乡邻盛赞其德，多次向官府举荐他。

后来，青州新上任的刺史陈蕃，慕名前来拜访他。进入墓道后却发现他有5个儿女，都是在守墓期间生的。陈蕃顿时勃然大怒，说你在墓道里都干了些什么，于是立即剥夺了州郡给赵宣的各种荣誉称号，宣布其罪状，并把他囚禁起来，赵宣因此就成了天下的笑柄。所以，孝敬哀思父母应该出于至诚之心，而不是流于形式，并以此博取孝子之名。如果将礼仪功利化，赵宣这类人物必然会层出不穷。

五服礼

亲疏分明

五服礼

丧服，俗称孝服，是根据服丧者与亡者的亲疏关系、感情厚薄而制定的一套礼仪。《仪礼·丧服》相关记载最完整，其中所规定的丧服，由重至轻，有斩衰、齐衰、大功、小功、缌麻五个等级，称为『五服』。五种孝服高度体现了亲疏、感情关系，并据此规定了服丧时间及相关礼仪。随着时代的变迁，五服礼也出现了很大的变化，但礼仪背后传达的精神——仁爱天下，从你亲近的家人开始爱起，从你亲近的族人开始爱起。这个礼仪之本源，依然需要大力继承与发扬。

斩衰——最重孝服

古人将披穿在身上的孝服，称为衰（cuī）。斩衰，是最重的孝服，守孝时间为三年。服此重孝者有：儿女对父亲、妻子对丈夫、嫡长孙对祖父，另外父亲对嫡长子、大臣对国君、诸侯对天子也服斩衰，这是因为嫡长子是宗庙的主祭之人，故亲疏、感情也要体现出来；国君或天子是一国之首脑，有君臣大义，所以也要体现出来。斩衰的布料最低劣粗糙，加工时不裁剪、不缝边，毛毛糙糙的不修边幅，披在身上，用粗麻括头，俗称披麻戴孝，这表示服丧者哀伤沉痛之心情，无法接受亲人突然离世，整日哀思忧伤、悲痛难眠、茶饭不思，又哪里有心思考虑孝服的质地及美丑呢？

齐衰——次重孝服

齐衰，是次重孝服，仅次于斩衰。守孝时间为三年、一年、三月等。服此重孝者是：齐衰三年：父卒为母（父亲先亡，母亲再亡时）、母为长子；齐衰杖期：父在为母、夫为妻，丧服三年，但丧期为一年。虽然子女对父母的爱是相同的，但从“家无二主”及家族主体性的角度考虑，应该有所区分。所以，对母亲比对父亲的孝服，减少一等；齐衰不杖期：嫡孙为祖父母、祖父母为嫡孙、兄弟姐妹等，服齐衰，不杖，丧期一年；齐衰三月：为高祖父母、为曾祖父母等服之。此外，学生与老师虽不是亲人关系，但有传道授业之恩情，有“师生如父子”的说法，所以心丧三年。历史上有孔门弟子守孝三年的记载，而子贡却为夫子守孝六年，以报答老师栽培之恩。古人对国君也服齐衰，丧期三月，汉文帝时期改为三天。齐衰布料用本色粗麻制成，孝服可裁剪、可收边，下摆贴边处要缝起来。

山中梦母

元·刘宗远

霜月照屋壁，
霜风涌江波。
终夕不能寐，
展转思怀多。
忽梦吾母来，
宛然度山阿。
但问儿衣薄，
语短不及他。
儿寒尚可忍，
地下知如何！

大功——稍轻孝服

大功，是稍轻孝服，次于齐衰。服此孝者是：侄男女对伯父母、叔父母，守孝时间为九个月；对堂兄弟姐妹、已出嫁的姑母等，守孝时间为七个月。如果自己幼年丧父母，由伯叔等人抚养长大，则孝服可增加一等，以报答亡者的养育之恩。如果伯叔等人客死异国，又无家室之亲，则孝服可增加一等，以哀怜亡者孤苦伶仃。大功布料是用本色熟麻布制作。

小功——次轻孝服

小功，是次轻孝服，次于大功。服此孝者是：对从祖父母、堂伯叔父母、堂姑、兄弟之妻等，守孝时间为五个月；外祖父母、母舅、母姨等因为不是同姓亲人，属于“外亲”，要遵守内外有别的礼制，所以丧服比祖父母、伯叔父要轻，守孝时间为五个月。小功用本色较细的熟麻布制成。从小功起，孝子就不用再穿专备服丧用的孝鞋了。

江城子·乙卯正月二十日夜记梦

宋·苏轼

十年生死两茫茫，不思量，自难忘。千里孤坟，无处话凄凉。纵使相逢应不识，尘满面，鬓如霜。

夜来幽梦忽还乡，小轩窗，正梳妆。相顾无言，惟有泪千行。料得年年肠断处，明月夜，短松冈。

缌麻——最轻孝服

缌麻，是最轻孝服。对曾祖父母、族伯父母、族兄弟姐妹、姨表兄弟穿缌麻孝，女婿对岳父母及妻之舅父母等也是缌麻孝，只穿孝袍，不戴孝帽，所以民间有“一个女婿半个儿”的说法，就是从此服说起。朋友虽然不是亲戚，但有同道之义，所以也用缌麻孝。如果朋友在异国去世，丧服就要增加一等，以示哀怜。缌麻守孝时间为三月。缌麻布料用细熟布做成，后世多用漂白布制作，民间称为“漂孝”。最后，需要说明的是，凡孝服布料及做工越精细，表示与亡者的关系越疏远、感情越淡薄，所以孝服等级越轻。

讣告

父母去世后，丧主要及时安排报丧事宜，通常情况会派人亲自上门向亲朋故友送“讣”，又称“赴”，路途遥远者寄电告。讣告用白纸书写（古人多用草纸），黑字，言简意赅、直书其事，写明逝者去世时间，原因，终年岁数，吊唁及安葬时间、地址、落款等，文辞不宜修饰，以符合丧主的悲戚哀伤之情。如有必要对逝者的一生功绩介绍，应该单页行文，附在讣告之后。讣告格式一般有以下几类：

【丧父格式】

讣　告

不孝男________等服侍无状，祸延

先考________老大人。不幸于公元___年___月__日因患病医治无效，寿终正寝。距生于_____年___月___日，享年_____岁。兹定于__月__日（农历_____月____日）在_______家中开奠，于___月___日（农历_____月_____日）　时安葬在祖茔之侧。

垂赐吊唁，不胜哀感。

不孝子___________泣泪哀告

______年___月___日

【丧母格式】

讣　告

不孝男________等服侍无状，罪孽深重，祸延

先妣____氏老孺人。不幸于公元_____年____月___日因患病医治无效，寿终内寝。距生于_____年___月___日，享年_____岁。不孝男_________等悲痛欲绝，亲视含殓，尊礼成服。泣告___月___日（农历__月__日）在_________家中开奠，于___月___日（农历__月__日）__时举行安葬。

垂赐吊唁，不胜哀感。

不孝子__________泣泪哀告

_______年__月__日

【城市格式】

讣　告

先父／先母__________，于_____年___月___日因病医治无效，不幸去世，享年_____岁。兹定于___月___日（农历___月___日）___时___分在_________殡仪馆__号厅举行追悼告别仪式。

谨此讣告。

不孝子／不孝女________哀告

_________年__月__日

唁电

唁电是因吊唁者与丧家相距较远或因故不能亲临吊唁，而向丧家发出的表示哀悼、慰问的吊唁的电话、短信、电报等文字。唁电既可表示对死者的悼念，也可向丧家表示问候、安慰。唁电一般为个人唁电、单位唁电两类。个人唁电是发者与逝者生前关系密切、友谊深厚，或深受其教诲、帮助的。在惊闻噩耗后，以唁电表示悼念之情；单位唁电的致哀对象多为单位的重要领导人，或曾为单位做出大的贡献，唁电中除对逝者及家属致哀外，还要简述逝者生前的品德、功绩，激起人们的缅怀、思念。

【个人】

唁　电

惊闻 令尊 / 令堂 不幸仙逝，失声痛哭，不胜悲哀！令尊 / 令堂 音容在侧，久久不去。恳切期望您及家属节哀顺变，保重身体！

特电慰问。

某某 哀

______年__月__日

【单位】

唁电

________先生家属鉴：

惊悉__________先生不幸逝世，本校同人悲痛万分。谨向__________先生表示沉痛哀悼，向其亲属表示亲切慰问。__________先生品行高洁，为人厚重，做事认真，一生为教育事业鞠躬尽瘁，培养了大批优秀学子，深受学生、家长及同事的喜爱和怀念。还望__________先生家属节哀顺变！

________先生千古！

肃此电达。

__________（单位）

____年__月__日

祭祀礼

为求吉祥

祭祀礼

祭祀礼属于吉礼。古人祭祀为求吉祥，所以称为吉礼。中国传统的宇宙观最基本的三要素是天、地、人，没有上天则没有万物，没有大地则万物不长，没有人类则人文不能昌明。所以，《礼记·礼运》上说，天上有四季，地上有资财，而人的身体发肤受之于父母及祖先。先贤制礼作乐，也是根据天时、地利、人情，要敬天、法地、尊人，要祭祀天地之大德，先人之大恩。所以，吉礼适用的主要对象为天神、地祇、人鬼三类。

祭天礼

天恩浩荡

古代封建王朝祭祀天神时，必须由天子来代表祭祀。因为天子是一国之政治元首，而政治要体现的是公平正义，是公平公正的天理。所以，天子一定要效法天道，否则就是违背天理，要遭到上天的谴责及惩罚。祭天时间在每年冬至，此日是太阳循环、阴尽阳生、大地返春之时，表示上天对万物的恩泽。祭祀地址在国都南郊的祭天之坛，天坛圆形，代表周天循环，时刻不离天下万物。祭祀对象为昊天上帝、日月星辰，即与民生关系最为密切的天体。祭祀仪式与祭祀用品，都要精心设计和严格挑选，以示对上天的虔诚、敬意及感恩。在祭祀前三天，天子与百官都要斋戒，并省视献神的牺牲和祭器，诚心诚意地迎接祭天仪式的到来。

《宋史·礼志》记载，祭祀之日清晨，天子服靴袍礼服，乘辇来到南郊之外。有司请行礼。天子换大裘，被衮冕。礼服上衣是玄色，下裳是黄色，象征天地之色。上衣绣着日、月、星辰、山、龙、华虫六章花纹，下裳绣着宗彝（yí）、藻、火、粉米、黼（fǔ）、黻（fú）六章花纹，十二旒（liú）冕象征十二月，通犀金玉带，腰插象征君子品质的祭天大圭。天子恭敬地行至祭坛东南侧，肃立，面向西方。至吉时，先后奏《景安》《嘉安》《广安》《丰安》《禧安》《正安》《宴安》一系列专门祭天的文武之乐，天子按照祭礼规定，到上帝神位前，北向跪拜，虔诚地行祭天大礼，祈福上天，希望风调雨顺、五谷丰登、国泰民安。此外，在水旱之灾时，也要祭天祈福，多在夏、秋两季举行，没有固定时间。

祭天礼

祭地礼

地恩久长

吉礼的第二类是祭地祇（qí），就是祭社稷、五帝、五岳等神。大地生长五谷，养育万物，就像慈母一样，时时刻刻都在滋养我们人类。而中国又是一个历史悠久的农耕文明国家，社稷就尤为突出与重要。所以《礼记》上说："当国家即将灭亡时，国君当保卫社稷而死，大夫当保卫人民而死，士人当为尽其职责而死。"

国家是社稷的代称，所以古代祭社稷等仪式，要由诸侯国君为代表主祭。祭地之礼时间在夏至，此日是阳尽阴生，大地返阴之时，所以祭地之坛设在国都的北郊，地坛为方形，与中国哲学"天圆地方"说相吻合，寓意天道圆融、地道方正的处世哲学。现在坐落于北京安定门外的地坛，就是明清皇帝夏至时祭祀地祇的地方。祭地仪式与祭天仪式基本相同，只是在祭祀社稷时，少了些许庄严与沉穆，多了一些活泼与亲切，可以鼓乐，可以舞蹈，祭祀社稷完毕后，还可以一起进行吃社饭、蒸社糕、做社饼、喝社酒、唱社歌等活动，象征土地与家园的温情温馨，也体现天父之严与地母之慈的区别。而祭祀的目的也是祈求五谷丰登、国泰民安、风调雨顺。此外，祭五帝，祭山川，都是对大自然给予的感恩仪式，是天人合一、万物和谐相处之道，是培养国人温柔敦厚、爱国爱民爱物之道，并在这和风细雨、温文尔雅的礼乐教化中慢慢浸染。

迎神

唐·司空曙

吉日兮临水，

沐青兰兮白芷。

假山鬼兮请东皇，

托灵均兮邀帝子。

吹参差兮正苦，

舞婆娑兮未已。

鸾旌圆盖望欲来，

山雨霏霏江浪起。

神既降兮我独知，

目成再拜为陈词。

地坛

地坛又称方泽坛，是古都北京五坛中的第二大坛。地坛呈方形，总面积为37.4公顷，始建于明代嘉靖九年（公元1530年），是明清两朝帝王祭祀“皇地祇神”的场所，也是我国现存的最大的祭地之坛。整个建筑从整体到局部都是遵照我国古代“天圆地方”“天南地北”“天青地黄”“乾坤”“龙凤”等传统和象征传说构思设计的。

为什么古人要祭祀山川

古人认为，湿润的空气因为山川的阻挡变成云，云又可以变成雨水，雨水丰富的地方必然有山川，长江黄河哪怕遇到多年大旱也不会干涸，它们更能滋润土地。正是因为山川的这些功德，所以天子把天下的山川都列为祭祀范围，感恩山川带给人们的恩惠。《礼记·祭法》说，凡是山林、河谷、丘陵地带有云气往还，风雨驰骤，现出不常见的东西的，古人都称之为“神”。由于山林、川谷、丘陵等又是人民生活资源所在的地方。所以，这一切都值得崇拜，需要祭拜。

祭先祖礼

祖恩不忘

吉礼的第三类是祭人鬼，就是祭祀祖先。《礼记·郊特牲》说：“万物本乎天，人本乎祖，此所以配上帝也。”意思是说，世上万物皆靠天而生，世上之人亦皆从祖先繁殖而来。因为祖先有这生生之大德，所以配得上与天帝同时受崇拜。据朱熹《家礼》规定，举行祭祖时间在春夏秋冬每季的第二个月，称之为四时祭。另外，在一些节日也要祭祖。举行地点在宗庙。祭祀之前，要选择吉日。祭祀前三天，要沐浴更衣，言行举止也要格外谨慎小心，生活上不能放肆。祭祀当天，全家人都要早起，把祭品准备好，祭品必须新鲜洁净，这是对先人的尊敬。然后把祖先们的牌位从祖庙中恭敬地一一请出，按照左昭右穆（始祖居中，面朝东；二、四等世祖位于左方，面朝南，称昭；三、五等世祖位于右方，面朝北，称穆），依次放在祭桌上，摆正摆好。然后，男主人带领全家人按辈分依次站好，面向列祖列宗行跪拜礼。主人和主妇先后向高祖、高祖母进献祭品，众子孙再依次进献祭品，家人都要参与，以表达自己不忘本源，对祖先的怀念及感恩之情。祭祀先人的礼节不可太烦琐，太烦琐就会使人厌倦；祭祀先人的礼节也不可太疏简，太疏简就会使人怠慢，怠慢不祭，久了就忘了自己的先人，也就忘了自己的本源。所以说“君子务本，本立而道生”。试想，一个忘本的人，能对别人的付出有感恩之情吗？这才是祭祀先人之礼的深意啊！

刻木事亲

东汉时期有个人叫丁兰，幼年时父母双亡。丁兰长大后，想到未能奉养父母之恩，又思念父母养育自己的辛劳，于是就用木头刻成双亲的雕像，和生时一样事奉。凡家中有事均和木像商议，一日三餐敬过双亲的雕像后自己方才食用，出门前一定禀告，回家后一定面见，从不懈怠。久而久之，他的妻子不仅对木像不恭敬，还时常用钢针刺木像的手指。丁兰知道后，就把妻子休掉了。

祭先祖的时间和准备

据朱熹《家礼》记载，祭祖在春夏秋冬每个季节的第二个月进行。和选择一切重大日子一样，四时祭之前也要占卜吉日。进行祭祀的前三天要沐浴更衣，言行举止也要格外谨慎小心，在生活上不能放肆。祭祀当天，全家人都要早起，把祭祀所用的祭品准备好，再把祖先们的牌位从祖庙中一一请出，依次放在祭桌上。牌位摆好之后，就好像列祖列宗都依次坐在这些孝子贤孙面前了，然后全家人依次站好，面向列祖列宗行礼。

列祖列宗们有尊卑长幼，同样，孝子贤孙们也有尊卑长幼，祭祀的时候，要根据这种关系对应举行祭祀，人人皆得参与。主人和主妇分别向高祖、高祖母进献祭品，两人一先一后，交替把祭品摆好。

祭品的种类

祭品都是日常吃的食物，如米饭、馒头、肉汤之类。古人认为，在祭祀时，祖先们是通过祭品的“香气”来享用祭品，因此，祭品一定要新鲜，只有新鲜的祭品才会散发出馨香之气。

祭孔礼

道统至尊

祭孔礼又称释奠礼，是专门祭祀至圣先师孔子的礼仪。荀子《礼论》把“礼”最核心的内容归结为天地、先祖、君师三大项，他说：“礼有三本，天地是生命的本源，所以对上侍奉天，对下侍奉地；先祖是民族的本源，所以要尊祖敬宗、收聚族人；君师是政治组织、天下教化的本源，所以要隆君王尊教师。”所以，释奠礼属于“三本”中的“君师”之礼。那么，为什么后世将释奠礼用于专门祭孔呢？这是因为孔子是大思想家、大教育家，又是儒家文化的创始人，对中华民族有着巨大而深远的影响。所以在学校开学后，于春秋两季的仲月（第二个月）上丁日，举行释奠之祭，感恩他的大德。汉初，刘邦路过鲁地，用大牢之礼祭祀孔子，开创了帝王祭孔的先河。后世又在孔子生日时举行大型祭祀，并成为国家的公祭。在孔子家乡曲阜举行的祭孔礼规格最高。除了皇帝亲临或御遣钦差外，还有衍圣公主祭孔子、四配，属官分祭十二哲、先贤、先儒、启圣祠等。

祭孔大典时，需要使用专用的祭孔乐舞，以乐、歌、舞配合，祭孔乐舞需要皇帝亲自审定颁布，其他任何人不得擅自更改。包括迎神乐、盥洗乐、初献乐、亚献乐、终献乐、送神乐，初献者、亚献者、终献者等，都有严格的规定及讲究。祭日清早，皇帝或主祭官率百官群臣着祭祀礼服，提前到孔庙外恭候。吉时到，所有祭祀人员按先后顺序，恭谨庄穆地来到大成殿前，依次开始祭祀，其祭祀仪式、祭品、程序、规格等，与祭天仪式基本相同，以示对至圣先师孔子的尊敬。祭孔礼表达了国人对圣贤及中华文明的崇高敬意、对传道授业解惑者的感恩，对文教的提倡有重大意义。

中国式礼仪

雷子◎编著

2

天津出版传媒集团
天津人民美術出版社

君子诚之为贵。——《礼记》

益者三友：友直、友谅、友多闻。——《论语·季氏》

将不可骄，骄则失礼，失礼则人离，人离则众叛。——诸葛亮

人无礼则不生，事无礼则不成，国无礼则不守。——孔子

善气迎人，亲如弟兄；恶气迎人，害于戈兵。——管仲

其身正，不令而行；其身不正，虽令不从。——《论语·子路》

前言

“中国有礼仪之大，故称夏；有服章之美，谓之华”。我们华夏民族自古被人盛誉为“衣冠上国、礼仪之邦”。

说到礼仪，很多人认为，不就是礼貌、修养和待人接物的一套方法吗！此言差矣！中国著名史学大师钱宾四先生说：“中国文化的核心是礼。西方文化中没有‘礼’的概念，也不是西方社会所表达的礼貌、修养的同义词。所以，不了解中国传统礼仪及精神，就不能把握中国文化之精髓，何谈复兴中国文化？”此论极具洞见，发人深思，这是钱先生在研究中国文化与历史近八十年后的精辟总结。

是的，西方人是靠宗教和法律来管理社会的，而中国人自古以礼治天下。从上古“礼巫时代”，到周公“制礼作乐”，再到孔子的“由仁入礼”，再到荀子的“礼法兼治”，再到朱子的“礼约自治”，中华礼仪史可谓源远流长。无论是《周礼》为国家建制，还是《仪礼》为民众行为规范，还是《礼记》为“五礼”精神内涵进行解读，以及《家范》《家礼》等礼学典籍为社会自治的普及，都高度凝聚了中华民族在历史长河中不断奋进、克己复礼的文明史。

孔子是中国文化集大成者，其学说以“仁”为核心。他说：“克己复礼为仁”“人而不仁如礼何？人而不仁如乐何？”是啊！只有约束自身使言行符合礼，才是仁啊！可是，一个人如果没有仁爱之心，如何施行礼呢？一个人如果

没有仁爱之心，如何施行乐呢？这就是孔子“仁本礼用”的思想。清代教育家颜元又说：“国尚礼则国昌，家尚礼则家大，身有礼则身修，心有礼则心泰。”这句话高度概括了礼仪的作用，礼仪能养心，能修身，能齐家，能治国平天下，小则反映一个人的处事风格和素质修养，中则反映一个家庭的有序治理，大则反映一个国家的文明程度。这就是中国式礼仪精神，也是中国历史长河中，一代代社会精英坚持提倡“礼法兼治”的重要依据。中国式礼仪，不仅可以规范个人及社会行为，达到万物有序、自然和谐，还可以作为中国人的道德法则，体现了中国人对仁义、礼让、慈悲及天人合一的文化精神追求。

《中国式礼仪》就是这样一本中华礼仪文化的普及读物。它贯穿人的一生，包括人生礼仪的方方面面，小到个人的仪容礼、饮食礼、入学礼、读书写字礼、迎宾待客礼、访友做客礼、馈赠礼、座位礼、饮茶礼、敬酒礼、寿诞礼、谦称礼、敬称礼、电话礼等，大到诞生礼、成人礼、婚礼、丧礼、祭礼，以及军礼、射礼、节日礼俗等。它内容丰富，条理清晰，通俗易懂，意义深刻。

中国礼仪博大精深、源远流长，本书遵循“取其精华，与时俱进”的原则，挖掘礼仪文化中蕴含的仁爱、和谐、有序的价值观念，与友善、文明、平等、法治等社会主义核心价值观相结合，融入当今社会的核心价值，既有深厚的文化性，也有鲜明的时代性。

民族自信，源于文化自信。《中国式礼仪》在新时代一定深受中国人的喜爱，并随着中国的崛起而传播到世界各地，从而有利于再塑“礼仪之邦”，再造自治精神，再创中国辉煌。

雷子于北京天通苑

2021 年 6 月 10 日

社会交往礼

访人做客礼

来而有往

迎宾待客礼

言行恭敬

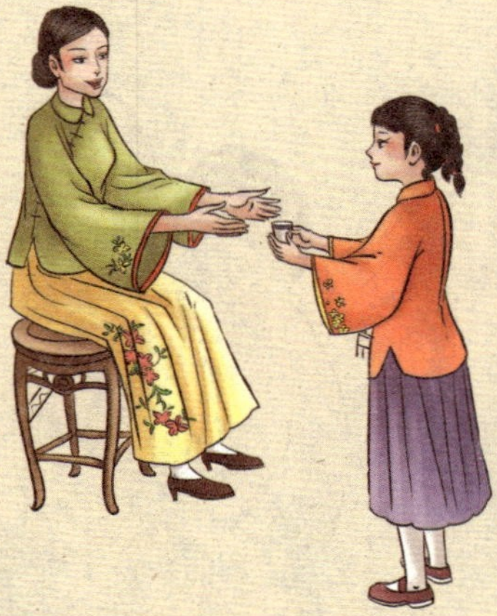

馈赠礼

礼轻义重

餐饮礼

客随主便

筷子礼

阴阳和合

谦称礼

谦谦君子

敬称礼

敬为礼本

跪拜礼

仪式庄严

作揖礼

儒雅优美

鞠躬和执手礼

恭敬亲切

书信礼

自谦敬人

电话礼

互敬互通

名片礼

互敬互惠

访人做客礼

来而有往

访人做客礼

《礼记·曲礼上》说：『往而不来，非礼也；来而不往，亦非礼也。』所以，当别人来我们家做客后，我们也要安排时间回访。古代一般安排在客人来访的次日。现在社会人们生活节奏快，事情比较多，回访时间一般灵活掌握。另外，如果双方年龄、辈分有很大悬殊，尊长者或者特别熟识者可以不回访。那么，自己如何回访或者到别人家做客呢？怎么才能做一个受欢迎的客人呢？面对不同的朋友，我们回访前应该准备什么样的礼物呢？到朋友家后，我们又该注意哪些细节呢？

注意衣容整洁

迎宾时需要衣冠整洁、仪容端庄，是主人的基本礼仪。而做客时同样需要仪容整齐干净，这是做客的基本礼仪，也是为人的通礼。《礼记·内则》中记载，男子未行冠礼、女子未行笄礼的，鸡叫头遍，就要起床洗漱，梳理头发，穿戴整洁，佩带香物，在家中梳妆打扮好后，再出门与人交往。《论语》上又说“出门如见大宾”，一定要恭敬严谨，认真对待。所以，在拜访亲朋尊长之前，一般要洗漱干净，使头发整齐、面容洁净、衣帽齐整得体才出门。而女性访客，还可以再精心化一点淡妆，这样既符合礼仪，还使人精神百倍、美丽动人、气质提升。

信守约定时间

俗话说“不约不见”“约必守时”。拜访的时间一旦确定，一定要准时到达，或者提前几分钟，不要迟到，也不要过早到。不遵守时间是失信、失礼的行为。如果双方路途较远，在不能确保路况的情况下，一定要提前上路，防止因堵车等因素而迟到。如果路上有特殊情况，要向对方说明情况并请求谅解。同时，到达的时间也不宜提前太多，这样可能会打乱对方的安排。这些都是对别人尊重的具体行为，是访客的基本礼仪。

提前准备礼物

在拜访尊长或回访亲朋前，一般都要提前准备一份合适的礼物用以表达一份心意，特别是拜见尊长时，空手拜见是违背礼仪的。正如《礼记》中说：“不以挚，不敢见尊者。”“挚”是礼物，又是亲密、诚恳的意思。而古代通常用雉（野鸡）作为礼物。为什么用雉呢？古人认为雉“交接有时”，非常守信。另外，据《白虎通》解释说，以雉为礼物，是取其不受引诱、不惧威慑、宁死不屈的特点。这都是隐喻交友的节操及相交之义。后世由于雉比较难寻，才用其他物品代替。礼物表达的是心意与情谊，而不在乎礼物的厚薄多少。

寻隐者不遇

唐·贾岛

松下问童子，
言师采药去。
只在此山中，
云深不知处。

千里送鹅毛

唐朝贞观年间，西域有个回纥（hé）国。为了表示对大唐的友好，便派遣使者缅伯高，带上一只罕见的白天鹅作为礼物，去敬拜唐太宗。

路上，缅伯高悉心呵护，不敢怠慢。一天，他担心白天鹅口渴，便打开笼子，带它到河边喝水。谁知白天鹅却振翅飞上了天。情急之下，缅伯高拔下了几根羽毛，眼睁睁看着天鹅飞得无影无踪。缅伯高惊呆了，怎么办呢？拿什么去见唐王呢？又怎么向国王交差呢？思来想去，他用一块洁白的绸缎将天鹅毛小心翼翼地包好，并题诗一首："天鹅贡唐朝，山重路更遥。沔阳河失宝，回纥情难抛。上奉唐天子，请罪缅伯高。物轻人意重，千里送鹅毛！"

缅伯高到了长安后，唐太宗亲自接见了他。当唐太宗惊异地看着几根天鹅毛和那首诗，又听了他的诉说后，不但没有怪罪他，而且觉得他讲诚信，重重地赏了他。从此，"千里送鹅毛，礼轻情意重"的故事便传为佳话。

要使门保持原状

《礼记·曲礼上》说：“户开亦开，户阖亦阖。有后入者，阖而勿遂。”意思是说造访人时，进门是什么样的，出门还要什么样。如果后面还有人来，要关门的话也不要关紧。特别是拜访异性朋友时，如果主人不安排关门，客人更不能关门。这也是提醒我们，作为客人既要尊重主人的意愿和安排，也要处处想到别人，不要因为自己后入室而打乱先入者的状态，也不要因为自己先入室而让后入者不方便。

预约拜访时间

如果家里来了不速之客，你是否因为没有准备而手忙脚乱呢？或者因为有其他事情安排而无法照顾客人呢？看来，不速之客是不受人欢迎的。《论语》上说：“己所不欲，勿施于人。”不喜欢别人这样对自己，我们也不要这样对别人。所以，在访问别人或回访来客前，一定要提前预约时间，勿做不速之客，否则会打乱别人的生活，是违背礼仪的。何况现在电话、微信等通信条件便捷，不像古代社会通信不便，特别是不太亲密熟悉的人，不要贸然登门。同时，预约拜访时，先报自己的名字并向对方问好，再说明情况，询问对方什么时间到访比较合适。另外，避免拜访时间过早或过晚，或者在用餐前后、午休时间等，尽量不给对方增添麻烦。

叩门要有讲究

到达主人家所在的社区后，如果主人下楼或在门外迎接自己，就按主人的引导走。若主人没有迎接，在到达门口时，如果门是关闭的，要先轻轻叩门，或者轻按门铃。叩门或按铃三次即可，然后向后退两步，静候主人来开门。《常礼举要》上说：“先立外轻轻叩门，主人让入方入。”不要重重地拍门，或者连续不断急促地按门铃，这是违背礼仪的。如果门是虚开的，且屋内谈话的声音很小，不要贸然进去，而是提高声音说话，以引起主人

的注意。《弟子规》上也说：“将入门，问孰存；将上堂，声必扬。”千万不要贸然进入，或站在门外倾听，这种行为有打探他人隐私的嫌疑，是对别人的不尊重。

访人谈话要谦逊

孔子说：“三人行，必有我师焉。”我们在日常生活中要谦虚好学，做客、访友与主人谈话时更应谦虚恭敬。如果主人正在谈论某个话题，不要随意打断或插话，不要与主人发生争辩。特别是主人是长者时，更应该注意，“主人不问，客不先举”，引导话题的是尊长。此外，“不辞让而对，非礼也”，尊长有所问时，晚辈应该先谦辞一下，待尊长再次发问，就可以把自己所知道的慎重表达。这种低调谨慎的态度，是我们的优良传统，也合乎礼仪。还有，在听主人谈话时，要专心地注视对方，并仔细倾听，这是尊重主人的表现，正如《礼记》所说：“正尔容，听必恭。”如果心不在焉，目光游移不定，那是不尊重主人，也是懈怠不虚心的表现。

敬礼入座有先后

古人相见时，要彼此作揖或鞠躬敬礼，如拜见尊长，应有先后之别。如是第一次相见，主人应先施礼。如果不是第一次，则反之施礼。所以《常礼举要》上说：“晋谒长官尊长，应先鞠躬敬礼，然后就座；及退，亦然。”也就是说与尊长相见，要先施礼。就座时，尊长请我们入座，我们要谦让推辞，请尊长先坐。主客双方谁的年龄大、辈分高、职位尊，谁先入座。如果年龄、辈分、职位相仿，则可以同时入座。切记：主人还没有坐或礼让，自己就先坐下了，这是违背礼仪的。此外，现代人用握手礼代替揖礼，与妇女行握手礼时，应待其先行伸手后，自己再握手，时间要短，不要用力；尊长与我们握手时，应双手捧握尊长的手，以示尊敬和亲切。

不翻主人的物品

亲爱的朋友，当你跟随爸爸妈妈去别人家做客时，是否进门后由于新鲜好奇，就到处“探查”，并拿出新鲜物品“鉴赏”一番呢？这种翻看主人物品的行为，既是对主人的不尊重，也是违背礼仪的，是没有教养的。切记：未经主人允许，我们不能乱翻主人家中的物品，尤其是不能打开主人的抽屉、柜门，翻看主人的笔记本、照片等私密性的物品。此外，未经主人导引，也不要随意到主人房间走动或察看，特别是卧室等私密性房间。

感谢主人的款待

中国人以好客闻名。为了招待好客人，准备好宴席及茶果，主人往往要精心挑选很长时间，甚至忙碌几天才能结束。所以，当主人端上一道道佳肴美味时，客人一定要先真诚地赞美与感谢后再吃。不能无动于衷，只顾自己吃喝，没有任何表示，好像理所当然一般。这是傲慢无礼的行为。而感恩之心既是做人之道，更是宾主尽欢、上下和谐的礼仪精神。杜甫诗句：“夜雨剪春韭，新炊间黄粱。主称会面难，一举累十觞。十觞亦不醉，感子故意长。明日隔山岳，世事两茫茫。”描写的就是这样唯美、温馨、温情亦感恩的画面，可谓质朴而诚挚、平易而真切，浓浓的情谊跃然纸上，让人无限眷恋与珍重，回味无穷。

菜肴不全部吃完

在做客吃饭时应该把握一条原则：菜不好吃，也应该吃一点；菜好吃，也应该留一点。特别是做客时，主人做的菜肴即使再好吃，也不能吃得盘净碗光、一点不剩。把主人做的菜全部吃光，是贪吃的表现，也暗示主人做的菜少了，需要再加菜。万一主人准备的饭菜不多，就会陷入尴尬的境地。所以，懂礼的客人，即使没有吃饱，也一定要稍微剩下一点，这是为了主人着想。同时，如果主人准备的菜肴很丰盛，就尽量多吃点，别浪费了佳肴。

适时向主人告辞

亲朋好友相聚，或切磋学问，或谈古论今，或参悟人生，真是快乐无比而时间匆匆啊！可是，天下没有不散的筵席。无论情谊多么深厚，也都有分别的时刻。所以，在合适的时候，就要主动站起来，和主人开心地告别，并再次真诚地感谢主人的款待。切记：客走主人安，不要一直不说辞别，主人也许还有其他安排呢！并且主人劳累了很长时间，也该让主人休息一下了。主人送别时，要请对方留步，并热情而真诚地邀请对方有时间到自己家里做客。往来，来往，人与人之间的情谊，就是在礼尚往来中建立并加深的。

不单独夜访异性

古代社会男女授受不亲，所以《礼记》上说，男女有差别，要严格遵守礼法，互相交往时应特别慎重。现代社会比古代有很大变化，特别是随着女性受教育程度的提高、社会的发展和职业需要等原因，男女交往已经是很正常的社会现象。但有些礼仪还是要特别注意的，如单独夜访异性朋友，可能会引起别人的猜疑和误解。无论是让异性朋友误解，还是让异性朋友的伴侣或家人误解，都是不应该的行为。因此，拜访异性朋友最好在白天，如需要在晚上拜访，最好有他人做伴，并且拜访的时间不宜太晚、太长。

主人提醒要注意

去拜访德高望重的长者，或身体虚弱的朋友，或工作繁忙的公务人员时，该说的事情已经说完，就要适时告退，并懂得主人的温婉提醒。如《常礼举要》上说：“主人欠伸，或看钟表，即须辞出。”意思是主人不断打哈欠，或者看时间的早晚，说明主人在提醒你了，这时你就要告辞了。再如拜访公务人员时，又有其他客人拜访，而自己的事宜已经谈完时，就要适时告退。如果主人看了看手表后说“再给你倒点茶水”时，就要即时告退，这也是主人提醒你了。所以，作为客人，一定要善于观察，体会主人的意图，明白主人的委婉提示。否则，既影响主人休息或做其他事情，也让主人对你产生不好的印象。

迎宾待客礼

言行恭敬

迎宾待客礼

孔子说：『有朋自远方来，不亦乐乎！』有朋友上门来拜访，或谈心，或怡情，或问学，或切磋，这是多么开心的事情啊，所以一定要热情接待，恭敬相迎。而作为家里的小主人，如果我们事先知道有客人来访，除了把屋子收拾干净，备好茶具、饮料、水果、玩具等，还有哪些具体礼仪规范呢？

穿戴要整洁

迎宾时衣冠整洁、仪容端庄，是主人的基本礼仪，也表示主人的真诚与恭敬。所以《弟子规》上讲：“冠必正，纽必结。”古代宾客相见时，特别讲究这一点。如果是尊贵的客人，主人还要穿上专门的礼服来迎接。另外，还有一些特殊情况发生，如主宾相见时，万一发现自己的衣冠有不齐整之处，怎么办呢？主人会假装没有认出客人，然后转身跑回家，关上大门，穿好衣衫后再跑出来迎接。这种事情当然是偶尔发生的，却表示主人对客人非常尊重。朋友们，转身回门重新整理衣装迎接客人，是不是也很有趣呢？

为来宾引路

主人迎到客人后，要向客人施礼问好。熟客要寒暄，生客要问清姓名字号，年迈的客人，要双手搀扶着对方，以示关心。然后引导客人往家走。《礼记·曲礼上》说：“凡与客入者，每门让于客。”就是说，主人在前边引路，但每进入一道门时，主人都要请客人先走，包括单元门、入户门等。同时，客人也要谦让，推辞让主人先走。然后，主人稍前于客人，方便引路。这样做是对客人的尊重，是作为主人的应有礼仪，也是主客互相谦让的表现。

先将幼介绍于长

亲爱的朋友，如果室内有其他客人，你知道如何为他们介绍吗？《常礼举要》上说，如果室内有其他客人，应按如下顺序介绍：先将年幼者介绍给年长者、位低者介绍给位高者，再将年长、位高者介绍给年幼、位低者。如果是年龄相当的客人，则先将先到的介绍给后到的，再把后到的介绍给先到的。朋友们，你记住这个介绍顺序了吗？

要有次序迎立

如果家里来客人了，小朋友应该如何接待呢？《童子礼》说，有客人到，要有次序站立恭迎，并上前致礼问好。所以，当家中有父母邀请的客人来访时，待父母行礼后，我们也要主动上前行礼问好，态度要热情大方。客人如果问我们一些事情，如“你今年多大了？上几年级了？在哪个学校上学”等问题时，要稳重大方地及时回答，不要扭扭捏捏或不理不睬，那样是无礼的。

请客人先入座

客人进门后，主人应将客人让到尊位入座。宾主对坐，要注意坐姿。《礼记》说“坐必安”，意思是坐下时身体要安稳，不要来回晃动或跷起二郎腿，或者不停地抖动腿，这是对客人的不敬。需要特别注意的是：如果是平辈，主人请客人先坐，客人不敢先于主人坐下；客人要谦让，请主人先坐；主客谦让后，双方共同坐下。如果是接待尊长的客人，主人是不能先于尊长坐下，这是傲慢的行为，是严重违背礼仪的。

门外迎接来宾

“呦呦鹿鸣，食野之苹。我有嘉宾，鼓瑟吹笙。”小朋友们，如果有客人来访，你们一定非常开心吧！可是，你们知道怎么迎接嘉宾吗？《礼记·乡饮酒礼》中说：迎宾时，主人需迎宾客在乡学门外，并向众宾客行礼。古代的乡学校，一般都设在村口。就是说在客人快要到达时，主人应到村口外迎接客人。如果是远道来客，我们作为主人，还需要到客人下车的车站去亲自迎接。现代人一般住在社区，普通客人在小区大门口或所居楼房单元门口迎接；尊贵客人要到车站迎接。切记：客人到来时，不可以待在家里，除非你是尊长。否则让客人自己找上门，这是怠慢的表现，是违背礼仪的。

门外迎接来宾

远客要安排寝室

接待客人，不仅仪容要整洁，迎接要恭敬，茶果饮食要齐备，待客还要热情，并把家中环境打扫得焕然一新、清洁整齐，这才是迎宾待客之礼。同时，如果有远方的客人到来，还要准备客人居住的寝室等。《常礼举要》上说，远方客人专门到来，要准备寝室。走时要望车远去，始能返回。此外，要为客人准备好拖鞋、牙刷、毛巾等生活用品，引导客人去卫生间、沐浴的位置，并介绍使用方法，让客人感到轻松、愉快，有一种宾至如归的感觉。主人家里如果没有客房，应事先预订宾馆，这是主人应尽的责任，也是知礼的表现。

向客人敬烟

待客时，向客人敬烟也是一种不可忽视的礼仪。通常客人进门后要先上水果，请客人品尝，然后再递上香烟，弹出几支，双手敬请客人抽取。如果客人抽烟就热情地为客人点燃；如果客人不抽烟，不要勉强客人，自己也不要抽，这是对客人的尊重。如果在无烟餐厅，就不要抽烟。如果有女客人在场，也要征求女士是否同意。

敬茶先长后幼

亲爱的朋友，给客人敬茶是否也有顺序？和介绍客人的顺序相同吗？《常礼举要》上说，敬茶果先长后幼，先生客后熟客。另外，一定要让客人坐上座，主人坐在下座，举杯让茶，请客人先喝，这是对客人的尊重，也是主人的谦虚，不可乱坐位置，或者自己先喝。此外“茶七酒满”，就是说茶杯七分满、酒杯十分满，这是因为茶水是烫的，如果太满了就容易烫着客人，这是对客人的不敬。

敬茶先长后幼

敬茶待客要洁净

“淡酒邀明月，香茶迎故人。”茶是古人喜爱的饮品，也是今人待客的必备佳品。而敬茶上水，也是有讲究的。为客人沏茶之前，要先洗净双手，并洗净茶杯或茶碗，要特别注意茶杯、茶碗有无破损或裂纹，残破的茶杯、茶碗是不能用来待客的。还要注意其他茶具有无茶锈，一定要清洗干净。取茶叶时，要用茶具拿捏，不要用手直接抓，这是对客人的尊敬。沏茶前，要征求客人意见，以客人口味选择茶的品种。这些都是基本的待客之道。

不在客人面前争吵

家中有客人，主人不能当着客人的面与家人争吵，甚至打骂，这样会让客人感到自己来的不是时候，非常尴尬；也易被客人认为是“指桑骂槐”，误以为真正的矛头是针对自己。《常礼举要》上说，家庭之事，不可向外人说。说的也是这个道理，这样做不仅有损主人的形象，对自己不尊重，还对客人不尊重，是严重违背礼仪的。因此，有客时不要与家人发生口角或争执。如果与家人产生矛盾，应待送走客人之后再解决。

不要冷落了客人

待客交谈时忌冷场。如果主人不说话或说话太少，客人就会感到尴尬和无聊，有不受欢迎的感觉。如果客人的某个话题使主人不开心，并和客人发生争辩甚至争吵，更是违背礼仪。待客本是宾主尽欢的场景，如果冷场或不欢而散，“礼仪”二字就无从谈起了。

此外，需要特别提醒的是，现代人爱玩微信，在同学、亲朋相聚时，不是看着对方愉快地交谈，而是一个个成为“低头族”，不停地翻看手机、查看微信。这种情况，无论是主人还是客人，都是对对方的不尊重，应该特别注意。

杜甫待客

诗人杜甫在弃官以后，来到成都，并在友人的接济下，在郊外盖了一间草堂。

一天，他的好友岑参路过成都，前来拜访。能和故友在此相逢，太高兴了。杜甫立即拿出美酒，吩咐妻子设宴款待。可是，家中只有两个鸡蛋和一棵大葱。妻子很为难。杜甫淡然一笑说：“既然是家中所有食物，有啥就吃啥吧，吃什么不重要，以诚相待最可贵。”

一会儿工夫，杜妻将第一道菜端了上来。原来是两个蛋黄之间插着一根绿莹莹的葱叶。杜甫热情地吟唱：“两个黄鹂鸣翠柳。”眨眼间，第二道菜上桌了，是两个蛋清做成的条形，杜甫再次吟唱“一行白鹭上青天”。接着是生煎葱白一段，“窗含西岭千秋雪……”话音刚落，杜妻恭恭敬敬地端上最后一道菜。岑参与杜甫几乎同时吟出：“门泊东吴万里船。”原来这是一碗热气腾腾的清汤，汤面漂着几片葱叶，碗的一侧还有个蛋壳像小舟一样漂移呢。

岑参知道杜甫的处境。见老友热情洋溢、高声吟唱，杜妻又如此煞费苦心地招待自己，心中倍感亲切与激动。于是，两人开怀大笑，举杯畅饮。此刻，两颗心贴得更加紧密了。

待客要一视同仁

《弟子规》上说：“凡是人，皆须爱。天同覆，地同载。”对待客人更应如此，要对所有客人都保持恭敬仁爱之心，要照顾周到。可是，在招待很多客人时，往往会因为疏忽而冷落了个别客人，要特别避免这类情况。同时，一定要提前向大家真诚地说“今天客人多，如果照顾不周，请大家多多包涵”等致歉的话。切记：冷落任何一个客人，都是对全体客人的不敬。如果故意冷落某个客人，就等于向大家暗示：某个人不适合和我们在一起，有挑拨离间的嫌疑，是违背待客之道的。当然，某个客人的行为非常无礼，甚至影响大家时，也可以含蓄地提醒或真诚忠告。

不把骨头扔给狗

《礼记·曲礼上》要求人进餐时“毋投与狗骨”，就是说和客人一起吃饭时，不要把肉骨头扔给狗吃。现代人尤其要注意这一点。因为，现在很多人喜欢养狗，特别宠爱狗，吃饭时会随意拿骨头扔给狗吃，这看似很平常的一个小动作，却暴露了礼仪的严重缺失。如果是请别人来家做客，难道是给狗吃的吗？这是对客人的极不尊重。如果去别人家做客，是嫌弃主人做的不好吃吗？这是对主人用心款待的不敬。另外，骨头、果皮等放入自己餐盘内，不要随意放在餐桌上。

客前不吆喝狗

主人正在接待客人，如果家中的狗突然闯了进来，主人这时能否吆喝狗，让其赶快离开呢？《礼记·曲礼上》说“尊客之前不叱狗”，意思是在尊敬的客人面前，主人不要吆喝狗或驱赶狗。否则会有指桑骂槐之嫌，让客人感觉自己是不受欢迎的，这是违背礼仪的事情。此外，有客人时，主人要把狗先拴起来，关在别处。因为很多人是害怕狗的，千万别让自己的爱狗惊吓了尊贵的客人。如果到别人家做客，更不能带狗、猫等宠物。

要和小朋友分享

现代家庭多数是独生子女，可以说全家人都爱着、宠着、护着。如果客人带小朋友来了，往往可能会因为好玩的玩具、好吃的食品而发生争执，这是违背礼仪的。《三字经》上说：“融四岁，能让梨。悌于长，宜先知。”这就是礼的精神——谦让。我们应该主动拿出自己的好吃的、好玩的和小客人一起分享，这才是知书达理的表现。所以《童蒙须知》上说，凡饮食之物，不要争较多少、美恶。此外，要尊敬友爱小客人，要对小客人友好，不要对小客人做不友好的事、说不友好的话，不要因为父母对小客人的热情照顾而嫉妒或生气，甚至因为一点小事就大吵大闹，这是违背待客之道的。记住：当家里来客人时，你是一位小主人哦！

要依依送别客人

“李白乘舟将欲行，忽闻岸上踏歌声。桃花潭水深千尺，不及汪伦送我情。”李白的这首诗不仅被千古传诵，更让后人记住了汪伦的送别情，记住了汪伦与李白的深情厚谊，让人无限寻味。所以说，迎宾是待客的序曲，送客是待客的结束曲、压轴戏。古人为什么非常重视送客的礼仪？因为有始有终才是真正的待客之道，也是为人之道。而送客礼仪，重在一份依依不舍的情谊。所以，无论接待哪位客人，当客人准备告辞时，我们都要真诚挽留，如客人执意要走，主人应先等客人起身后，再起身相送。不能客人一说告辞，主人马上起身高兴欢送，这样有逐客之嫌，是违背礼仪的。

将客人送到门外

主人送客，如果对方是晚辈，那么主人送到门口道别就可以了。如果对方是尊长，那么主人则应该送到楼下或小区门外。远路的贵客还应该送到车站、码头、机场等地再道别。《弟子规》中说：“过犹待，百步余。”意思是说，目送尊长离去后，大概离开百步左右，或者走出一定距离，已经转弯了，不再回头时，主人才能转身回去。如果客人是自己驾驶车辆时，主人应该等汽车开动行驶一段距离，消失在我们的视线中，方可转身返回。“故人西辞黄鹤楼，烟花三月下扬州。孤帆远影碧空尽，唯见长江天际流。”此诗描绘的就是这种唯美意境和脉脉温情吧！

感谢客人的礼物

千里送鹅毛，礼轻情意重。客人来访时，通常会带一些礼物。对此，我们在迎客或送客时要有所反应，要真诚地感谢客人的心意。并在客人告辞时，回送一些本地特产，或回送有象征意义的礼品，尽量不要让客人空手回去。这也是对客人的尊重，是轻视财物、重视情谊的体现。《仪礼》中有士相见之礼，拜访的人必带礼物，主人会推辞不敢承受，但最后会收下礼物。主人会择期回礼，践行礼尚往来、彼此尊重之义。所以，千万不要受之无愧似的若无其事，没有任何感谢或表示，这是违背礼仪的。此外，分手时应热情而郑重地与客人说“路上慢走啊”“期待您再来”“常联系啊”等送客用语。

馈赠礼

礼轻义重

礼，崇尚往来。我有礼往，你有礼来，彼此于是来往，互不求回报，情谊才会逐渐深厚。并且，人们在交往中还要经常互赠礼物，以此来表达自己对对方的尊重、感谢之情。馈赠礼物并不是仅仅把礼物送出去就可以了，什么时候送？送什么？怎么送？这些都需要遵循一定的礼仪。否则，对方可能拒收，而一番好意因馈赠的方法不对，反而变成坏事。

寄生衣与微之

唐·白居易

浅色縠衫轻似雾，
纺花纱袴薄于云。
莫嫌轻薄但知著，
犹恐通州热杀君。

赠礼须避开他人

平时你向对方赠送礼物时，如果对方家里正好有其他客人在，就要避开他人，请主人到别的房间说明赠送的意思，或者改日再来赠送。否则，会给受礼人爱人财物之嫌或造成其他影响。而且先来的客人如果空手而来，也会让人家觉得很尴尬。如果是初次见面，又携带薄礼，就不用避开先来的客人，说明送礼的正当理由，并将薄礼恭敬地送上即可。

送礼要谦虚恭敬

无论我们赠送给对方什么礼物，我们的态度都要谦虚恭敬，要面带笑容，目视对方，切不可有傲慢之态，甚至有救济施舍之心，这是严重违背礼仪的。尤其是读书人，很多骨子里是清正高洁的，如果不是正当理由或合适的关系，是不会随便接受别人赠礼的，更何况是无礼的行为呢？所以，赠送礼物时一定要诚心诚意，千万不能有傲慢、施舍之态，也不要说“这是临时为您买的”“这是我家里用不完剩下的”等类似的话语，这样会让对方产生不被重视，甚至不被尊重的感觉，对方有可能拒绝你的好意。同时，赠送别人的礼物再好、再精心准备，也要谦称“礼物微薄，不成敬意”或“区区薄礼，万望笑纳”。

不食嗟来之食

《礼记·檀弓下》中记载：齐国出现了严重的饥荒。黔敖在路边准备好饭食，以备路过的饥民来吃。当时，有个饥民用袖子蒙着脸，脚步无力，昏昏沉沉地走过来。黔敖左手端着吃食，右手端着汤，趾高气扬地吆喝道：“喂！快来吃吧！”那个饥民扬眉抬眼看着他说：“我正是因为不吃嗟来之食，才落得这个地步！”说完这话后，这个饥民就头也不回地走远了。黔敖为自己刚才的态度感觉惭愧，急忙追上前去向他道歉，他仍然不吃，最后竟然饿死在路上。曾子听到这件事后说：“恐怕不用这样吧！黔敖无礼呼唤时，当然要拒绝；但他道歉之后，就可以去吃。谁人没有过错呢？”

诗经·木瓜

投我以木瓜，
报之以琼琚。
匪报也，
永以为好也！
投我以木桃，
报之以琼瑶。
匪报也，
永以为好也！
投我以木李，
报之以琼玖。
匪报也，
永以为好也！

受赠者要谦让

通常情况下，亲朋故旧诚心诚意赠送的礼品，只要合情合理且不是违法、违规的行为，是应该恭敬接受的。当然，在接受前应适当地推辞一下，这是中国人的谦让之道。同时，也能看到对方是否真心，如果对方不是诚心赠送，贸然接受岂不是很尴尬？别人送礼时，如果你正在做事，应立即中止，并起身站立，双手接受礼品，并向对方表示感谢。切不可欣然接受又毫无谢意，这是一种傲慢；或者对礼品说三道四、吹毛求疵，这是对送礼者的不敬。

对方所赠的礼物，无论自己是否喜欢或价值高低，都要真诚感谢，因为情义是无价的。如果礼物是对方精心准备，我们还要报以“受之有愧，不敢承受”，以表达自己的心意。另外，在合适时间，我们还应该安排回拜并赠送对方礼品，这就是所谓的“礼尚往来”。当然，如果交情很深，辈分、年龄差别很大，也可以不回拜，这个根据双方情况而定。

赠礼不让对方来取

《礼记·曲礼上》说：“赐人者不曰来取。”意思是说，赠予别人物品时，不可叫对方亲自来取。这是一种傲慢的行为，是对对方的不尊重。正确的做法是，你要亲自送去或请他人代送。否则就失礼了，让对方取礼物会让对方陷于尴尬的境地，不过来取会违背你的好意，如果来取，又感觉不合适，哪有亲自上门要礼物的道理呢？

赠礼宜知对方喜好

《礼记·曲礼上》说：“与人者不问其所欲。”意思是说送别人礼物时，不能明问对方喜欢什么样的礼物。中国人自古以来都以含蓄、谦让著称，别人送我们礼物时，我们一定要谦让、推辞，不能直接说自己喜欢什么，否则，就等于迫不及待地想要对方送自己礼物。赠送礼物时，我们需要细心观察对方喜好，或从旁人口中了解对方喜好，以避免禁忌，选择合适的礼物。当然，如果赠送的对象是西方人，是可以直接问的，只要真诚地问对方，对方一般会开心地告诉你，再按照他的喜好购买赠送即可。这就是东西方文化及礼仪的差别之处，但中国人在遵守自己礼仪的同时也应入乡随俗。

赠礼要包裹起来

按照中国传统礼仪，赠送对方的礼物通常要包裹起来，这里的包裹并不是指礼物原有的外包装，而是另外再加一层包装。《仪礼·士相见礼》中说到，如果见面以雉或鹅为礼物时，在赠送前，要用绳将雉或鹅双足系上，然后用绘有纹饰的布包裹起来。这样既美观，又含蓄文雅，还显得郑重。如果对方是公务人员，除了注意包裹外，还要注意场合，否则有公开送礼、公开受礼之嫌。如果不包装就送人，会令对方产生被轻视之感，特别是送给国际友人的礼品，尤其要注意这个问题。当然，如果是丧礼可以不包装。

赠礼要包裹起来

餐饮礼

客随主便

餐饮礼

如果你看过《红楼梦》，一定对里面的餐饮礼仪记忆犹新。小小一桌席，可以说凝聚了中华民族几千年的文化积淀。我们现在用餐时虽然用不着这些繁文缛节，但必要的礼仪还是不可缺少的。只要我们多一些尊重和细心，中华民族的餐桌礼仪一定能流传下去，而我们的用餐心情也会更加快乐。

不能抢坐中席

很多小朋友随父母参加宴会时，由于过于兴奋，又没有座次观念，就直接坐在尊位上。而主人又不好意思请孩子让出位置。作为家长，一定要让孩子坐在自己的位置，否则会被别人认为没有家教。不仅是在宴会上要注意礼仪，去别人家做客，也要注意礼仪。《礼记·曲礼上》说“为人子者，坐不中席”，就是说作为晚辈，入座时一定要选择适合自己的位子，不可抢占尊位或主人位，这是长幼尊卑不分的行为，是违背礼仪的。

同桌客人要打招呼

参加宴会入座后，一般主人会为客人们相互介绍。如果主人没有来得及或忘记介绍，自己的邻座又是陌生人，出于礼貌，要与其打招呼。如果对方主动打招呼，应及时而礼貌地回应，毕竟都是主人的客人，当然彼此也可能成为朋友。古人说“四海之内皆兄弟”，不能做到热情相见，也不要面若冰霜，甚至发生不快，这是对主人的不敬，也是违背礼仪的。

主宾座位有次序

就餐礼仪中，对于座位次序非常有讲究。据《礼记》记载，主宾设在西北，取天地相交之气、宾主相敬之义。主人则坐于东南，取天地生发之气、宾主仁爱之义。古代主宾不在一个方位就坐。后世主宾座位并排，座次有些变化，基本排列原则是：面门为上，以右为上，以中为上。如宴请宾客，应区别主宾。二人就座，以右为尊；三人就座，以中为尊；多人就座，主人居中，右侧为主宾、三宾，左侧为二宾、四宾。关于左右方位的确定，是以面对正门的位置为衡量标准。还有以观景为上原则，是指高档餐厅，室外是美景或高雅演出。这时，就要以最佳观赏角度为上。同时，有两桌宴席时，还有主次桌之分，如横向排列，以右桌为上，左桌为下；如竖向排列，离正门远的桌为上，离门近的桌为下。如多桌宴席，以中间桌为上。无论何种座次，都忌讳让客人坐在门口上菜处，这是对客人的不敬。

贵宾到来要立迎

如果经常参加宴会，你就会发现一个现象：当宴会开始，菜肴上桌时，在座的人就会起立迎食。尤其是当有贵客来的时候，主人必起立，其他宾客也会相应地起立，以示恭敬。关于这一点，《礼记·曲礼上》这样说："食至起，上客起。"意思是说，见端饭菜的来，要起身迎接，主人有上宾来，也要起身恭迎。此外，如果与主人不同桌就餐，主人来敬茶、敬酒时，也要立身敬迎，不可一动不动地坐在那里，这是傲慢的表现，是对主人的不敬。

官宴家宴有区别

宴请宾客以主宾为尊、副宾次之的原则来安排座次。如果在政府机关、行政单位如何安排座次呢？如果是家庭宴会，又如何安排座次呢？《礼记》上说"在朝序爵，在野序齿"，以此标准来判定尊贵序列，即在政府机关、行政单位或公司参加宴会，职位越高越德高望重的，越应该坐主位，同一职位或无职位的，就根据年龄大小来安排座次，年龄大的坐主位；若是家宴，长辈年高者坐主位。

让客人先落座

如果你是主人，在举办宴席活动时，你是否会在客人还没入座时，就提前坐下了？如果真是这样的话，你是真的失礼了。《礼记·曲礼上》说："客践席，乃坐。"意思是说，等到客人就席，预备坐下时，主人才能坐下。做主人时，一定要以客人为尊，请客人为先；当然，如果主客年龄相仿，客人也不敢先坐，主人就要陪客人一同落座，再照顾他人都安坐，这样才符合礼仪之道。

贵宾到来要立迎

客人不点头道菜

宴席上，主宾各就各位后，接着就是点菜。点菜时，主人接过菜单后，通常会请宾客点头道菜。但按照餐桌礼仪，客人不能真点，一定要谦让并请主人先点。主人点完第一道菜后，再请客人点菜时，客人就可以接着点菜了。主人点的第一道菜，俗称“盖帽”，后面所有人点菜的价位，都不宜超过这道菜。如果客人先点，价位高了，主人万一承受不起，或者身上没带那么多钱怎么办呢？所以，客人一定要体谅主人的经济境况及待客标准，不要乱点菜，否则就是违背礼仪的。另外，点菜时还要询问一下其他人有无禁忌，考虑别人的喜好等，这是对同桌人的尊重。

就宴要虚后食前

当我们参加宴会就餐时，座椅及坐姿有什么要求吗？《礼记·曲礼上》说：“虚坐尽后，食坐尽前。”这是古人在坐姿上的要求及表达的敬意。古人席地而坐，在没有就餐时，就要虚坐尽后，即席子前端要留出一块，不敢把席子坐满，以示谦虚；就餐时，就要尽量坐在席子前端，以免不小心将食物掉在食案上，有失礼仪。魏晋南北朝时期，坐具发生变化，席子变成椅子、凳子，所以在非就餐场合，坐的时候，只坐椅子前端，后端空一半位置，以示恭敬谦虚。饮食时，座椅、座凳前移，尽量靠近餐桌，防止食物落在餐桌上，餐桌不洁，有失礼仪。

与人并坐不横臂

宴席上，有的人在入座时两肘或两臂横着放，根本不顾及别人的感受，这是一种失礼的行为。试想，你这样一坐，旁边的人还怎么坐呢？而且，吃饭时还会妨碍别人，没准会给人留下蛮横的印象。《礼记·曲礼上》教导人们，“并坐不横肱”，就是要求与别人并坐一起吃饭时，不要横着胳膊，把两肘放在餐桌上。

琴歌

唐·李颀

主人有酒欢今夕，
请奏鸣琴广陵客。
月照城头乌半飞，
霜凄万树风入衣。
铜炉华烛烛增辉，
初弹渌水后楚妃。
一声已动物皆静，
四座无言星欲稀。
清淮奉使千余里，
敢告云山从此始。

客人不抢先发言

宴席上，我们不乏看到这样的客人，还没等主人讲话，他就侃侃而谈，说得眉飞色舞，大有喧宾夺主之嫌，这种行为是有失礼仪的。早在《礼记·曲礼上》就有记载："主人不问，客不先举。"意思是说，如果主人不先说话，客人不要抢先发言，否则就是对主人不够尊重的行为。

不当主人面调味

《礼记·曲礼上》要求进餐时，不要当着主人的面，再次给菜、羹调味，否则会有嫌主人做的饭菜味道不好的嫌疑。到别人家做客时，要特别注意这种礼仪，每个人的口味不同、厨艺不同，饭的味道自然不同。不要嫌弃主人做的不适口，再重新自己调味，或者干脆一口也不吃。这会让主人感觉准备不周，会尴尬不安的。《常礼举要》又言"不挑剔食之美恶"，主人做什么，就吃什么，要对主人的热情款待表示感谢。而客随主便，也是做客的基本礼仪。同时，如果是请客人来家吃饭，我们要主动询问饭菜是否可口、咸甜是否适中，要尽量满足客人的口味，并请客人包涵。

不随便离开座位

吃饭前，一定要洗净双手，并处理完如厕等杂事，这样我们就可以更安心、放松地享受美食了。吃饭时，没有特殊情况，长时间离开餐桌也是一种失礼行为。如果有特殊情况，一定要特别向主人说明，并请大家谅解。千万不要无故或在不告知主人的情况下，擅自离开，这是对主人的不敬。如果你是主人，这样招待客人也是不尊重的，是严重违背礼仪的。

进餐时不要剔牙

如果你在就餐时塞了牙，怎么办？《礼记·曲礼上》要求人们进餐时“毋刺齿”，就是说进餐时，不要当着大家的面张嘴剔牙，这是极不雅观的行为。如果牙缝有食物，实在塞得难受怎么办呢？最好去洗手间处理。如果条件不太方便，可以微微侧转身体，用另一只手掩住口再剔牙。用过的牙签及剔出的食物，要用餐巾纸包住，放入垃圾桶内。切记：不要把用过的牙签及剔出的食物，放在餐桌上，这是对其他人的不敬，是严重违背礼仪的。

宴席上勿唉声叹气

宴席上，当饭菜上齐后，有人突然长长地叹了一口气，大家会有什么感觉？是主人招待不周吗？还是对饭菜不满意？这会使主人很尴尬的。《礼记·曲礼上》要求人们在进餐时“当食不叹”，即不要在饭桌上叹气，那样会破坏宴会的气氛。不要因为自己脸色难看、心情不好而打破整个宴席的氛围，让大家觉得扫兴。这是对主人不敬，也是对大家的不尊重。

请他人同举筷子

如果你经常参加宴席活动，可能会遇到这样的情景：饭菜一端上桌，有的人就不管不顾，好像桌上的饭菜都是为他（她）准备的一样，一点也不谦让，拿起筷子就大吃起来。这样的人往往是不受欢迎的。《常礼举要》上说："举箸匙，必请大家同举。"意为与大伙共餐时，要请大家共同举起筷子或勺子，不可只顾自己吃喝，而不顾及别人，这是对别人不尊重的表现。

汤菜举筷必配匙

宴会上，你也许看到过这样的情景：有的人夹起带有汤汁的菜时，哩哩啦啦，滴得满桌子都是，甚至滴到了别人的菜盘里或衣服上，这是一种失礼行为。所以《童蒙须知》上说："凡饮食举匙，必置箸。举箸，必置匙。"就是说，带汤汁的饭菜，夹取时如举匙，必用筷子配合，先用筷子夹入匙中再吃。举筷子时，必把匙子伸过去接着，或者用碗碟配合，以避免汤汁滴落到餐桌上。

待客餐具要完好

用破损餐具招待客人，这就好比穿戴不整的人去迎接宾客，这是多么的随便、多么的不郑重啊。如果主人专门请客人用餐，破损的餐具还会使食物之美黯然失色，这不但是对美食的亵渎，也是对客人的怠慢。所以，即使不能用新的餐具，也要使餐具完整干净。人要仪容整洁，餐具也要仪容整洁，这都是对客人的尊重。

餐食摆放有讲究

餐食摆放的规矩早在《礼记·曲礼上》就有记载，例如：进餐时，带骨头的熟肉应放在人的左手边，切成片的肉应放在右手边。饭食放在人的左手边，羹汤放在人的右手边；烧烤的肉放在稍远的位置，醋和酱类放在稍近的位置。不饮酒时，杯子放在左手边；饮酒时再将杯子移到右手边。这些仪节都是从方便客人的角度加以考虑的。虽然现代社会没有这么多讲究了，但其精神是一致的，并需要借鉴传统礼仪，这就是为了更好地方便客人取食，是对客人的尊重。

等客人吃完再放筷子

宴饮即将结束时，你有没有察觉到，每次主人都会静静地等待客人慢慢吃，直到客人放下碗筷，主人才会停筷，以表示对客人的恭敬。《礼记·曲礼上》说："主人未辩，客不虚口。"意思是说，宴请将近结束时，主人不能先吃完，自己先放下碗筷，一定要等客人吃完后，才能放下碗筷停食。否则，有的客人吃得慢，看到主人已经停食，自己就不好意思再吃了。客人没有吃好，是主人照顾不周，怎么能称得上礼仪完备呢？

吃鱼的学问

中国地域广大，很多礼俗也不相同，在有些地方宴席上，上面的鱼肉吃完了，这时不要去翻鱼，要用筷子把上面的鱼刺拨到一边，再吃下面的鱼肉。把鱼翻过来寓意为翻船、翻车，被认为是不吉祥的事情。有的地区认为鱼头是尊贵的象征，是头领的意思，所以朝向最尊贵的客人。这些都是对尊长恭敬的礼仪精神。一些地区吃鱼时的讲究还包含许多幽默与智慧。例如：把鱼眼剜出来，呈送给主客，曰"高看一眼"；把鱼的整个骨头剔出来，赠给一位贵客，曰"中流砥柱"；分配鱼嘴巴，叫作"唇齿相依"；分配鱼尾巴，叫作"委以重任"；分配鱼翅，叫作"展翅高飞"；分配鱼肚子，叫作"推心置腹"。可谓风趣幽默，既表达了对客人的热情，也表达了对客人的敬重。

展翅高飞
高看一眼
委以重任
唇齿相依
中流砥柱
推心置腹

筷子礼

阴阳和合

筷子礼

筷子在中国古代被称为『箸』，是我们再熟悉不过的餐具之一，既简单灵活，又方便实用，是各种餐饮场合的首选餐具。用筷子夹取食物、菜肴，既方便又卫生。筷子不仅是一种餐具，还是一种文化，是东方文明的标志性代表。筷子成双成对，传递着友好、和美的情感价值。筷子上部呈方形，下部呈圆形，象征着天圆地方，蕴含着使用者对天地的感恩之心，更传达出天长地久的美好愿望。餐桌上筷子的使用及举止，高度体现一个人的修养。那么在饮食时，使用筷子有哪些礼仪呢？

正确摆放筷子

中国传统礼俗中，筷子的摆放极有讲究。如筷子的摆放要两头齐，不能一长一短，否则就是对客人的不敬。不能将筷子一根是大头，一根是小头摆放，这是阴阳颠倒。不能一横一竖交叉摆放在碗上，不能横放在碗或盘上，这样无法吃饭，是拒客的表现。不能在碗盘的两端各放一支筷子，这表示在吃散伙饭、分家饭、离婚饭。如果不小心把筷子碰掉在了地上，可请另外换一双。另外，放筷子要用筷子架或筷托，使用时拿取，不用时放在上面，既干净又文雅。不能把吃过的筷子随便放在桌子上或公盘上，这是对其他客人的不尊重，是违背礼仪的。

正确拿捏筷子

筷子的使用很有讲究。其正确的使用方法是：用右手执筷，拿捏筷子上端。拇指、食指在上，无名指、小指在下，中指在中。这就构成天、地、人三部分，也称三才之道。大拇指和食指捏住上筷，起固定作用；无名指、小指垫着下筷，起稳托作用；下筷不动，大拇指、食指和中指灵活运用上筷。上筷是天，是阳，是动的；下筷是地，是阴，是静的。而人要沟通阴阳、协调动静，使天地合一、阴阳合一、动静合一，以达到天、地、人三才和谐之美。筷子是直的、硬的，手指是弯曲的、柔软的，轻握筷子，灵活运用，既有阳刚之美，又有阴柔之德。筷子两端必须对齐，要齐齐美美。筷子使用时必须成双成对，要团团圆圆、和和睦睦。这就是中国人的处事智慧。

咏竹箸

明·程良规

殷勤问竹箸，
甘苦乐先尝。
滋味他人好，
尔空来去忙。

忌将筷子插饭中

宴饮场合，我们有时会看到这样的情景：餐桌上两根筷子像两个士兵一样，被直直地插在饭碗里，这被人视为供筷。这种做法是不符合礼仪的。中国自古就有以食品祭祖的风俗。祭祖时，才将筷子竖插在祭品上，以让亡灵有所依托，这是对先人的尊敬行为。但是，日常生活中如果将筷子竖插在碗中或食品上，特别是待客，这就犯了严重的忌讳，也是对客人的极度不敬。正确的做法是，如果暂时不用筷子，要把筷子轻轻地放在筷托上或餐碟上。

忌用筷子指人

在宴请活动中，有的人一边吃饭，一边将筷子来回舞动着与人交谈，尤其是说到激动处，更是拿着筷子在空中来回划动。这种行为是对桌上人的不敬，尤其是用筷子指人，是严重违背礼仪的。正确的做法应当是交谈时要停止吃东西，而且要将筷子放下。此外，有人拿捏筷子时，有食指指人的习惯，这种拿捏法既不雅观，也有对人不敬的含义，应该尽量避免。

忌吸食筷子

亲爱的朋友，你在就餐时是否有过吸食筷子的行为呢？这是违背礼仪的。特别是在宴席活动上，把筷子一端含在嘴里，对着大家来回吸咬，这是非常不文雅的举动，如果再配上吸吮时发出的滋滋声响，更是令人生厌，是对别人的严重不敬，也是缺少家教的行为。

忌举筷不定

举筷不定，又称“游筷”，就是看着满桌的美味佳肴，举着筷子在餐桌菜肴上四处游移，却不知道夹哪道菜好。这种做法是一种失礼行为。应该等选好吃哪样菜后，再举筷子夹取，或者餐桌转盘转动停止时，哪道菜在自己面前，就夹取哪道菜。举筷不定的人，不仅违背礼仪，也代表做事犹豫不决、不果断利落，应该加以注意。此外，别人正在夹菜时，别转动餐桌转盘。为别人夹菜用公筷也是一种餐桌礼仪文明。无论是外出聚餐，还是在家用餐，都应该用公筷夹菜。否则，会让别人感到尴尬。

忌抛送筷子

在参加宴会时，我们经常看到这样的情景：有人在给其他客人发放筷子时，由于双方相距较远，为了省事，就随手将筷子抛过去。这样做符合礼仪吗？这是违背礼仪的。正确的做法是把筷子一双双理顺，然后轻轻地放在每个人面前；相距较远时，要走过去敬送或请人代为传递，切不可随手掷在桌子上，这是对人的不敬。

饮酒礼

有节有度

饮酒礼

在中国，无论是酿酒方法，还是饮酒习俗，都有着悠久的历史，由此也形成了中国特有的酒文化。在古代，酒被视为一种神圣的物质，要庄严地使用，先祭祀神灵、祖先，然后人们才能开始饮用。由于酒能使人兴奋，甚至神智恍惚，所以儒家一直提倡饮酒要有『酒德』，也要遵循『酒礼』。当然，未成年人是禁止饮酒的。

祝酒诗

唐·李白

天若不爱酒，
酒星不在天。
地若不爱酒，
地应无酒泉。
天地既爱酒，
爱酒不愧天。
已闻清比圣，
复道浊如贤。
贤圣既已饮，
何必求神仙。
三杯通大道，
一斗合自然。
但得酒中趣，
勿为醒者传。

酒满是敬人

“酒满敬人”是指在宴席上，主人为客人斟酒时，要倒至十分满，以显示待客的诚挚热情。中国人比较含蓄内敛，又有礼仪收其言形，往往会因太冷静理智而缺乏激情，所以在宴席时要用酒招待宾客。因为酒不仅仅是神圣之品，是最好的食品，能让人体会飘飘欲仙的妙境，还能起到助兴的作用，能使饮者热血奔腾，豪情万丈，把内心的情感展现出来，可以烘托宴席上欢快热情的气氛，让主宾在放松、轻松中达到尽情言欢的妙境。这就是无酒不成席的深意。所以，满酒敬客形成礼俗，酒要满，情要满，热情奔放而又合情合理。当然，如果客人不能喝酒，也不能逼迫客人，否则就不是敬客，而是欺客了，也是违背礼仪的。

让尊长先端杯

在参加宴席时，尊长如果没有端杯，年少者就不能先端杯；尊长还没有开宴致辞，年少者不敢抢先致辞；尊长还没有向大家敬酒，年少者不敢抢先向大家敬酒。当然，如果尊长是宾，年少者是主人时，主人应该先端杯、致辞讲话及敬酒。这是主先宾后、长先幼后的传统礼仪。无论是主人、尊长或其他人敬酒，我们都要回敬别人。此外，很多人在宴会时有抽烟的行为，如果尊长不抽烟，又没有得到他的许可，同桌人尽量不抽烟，这是对尊长的尊敬。按照现代国际礼仪，如果有女士在场，也不能抽烟或要征得女士同意。否则，这是以自己为中心的行为，是对他人的不尊重。

敬酒有顺序

主人敬酒时要有顺序，先敬主宾，后敬副宾，再以顺时针为主，这是最传统的方法。如果宾客没有按照座次入座，就敬长者，再按顺序逐一敬酒。客人回敬时，要先敬主人，再按顺序敬酒。家宴按辈分高低顺序敬酒，先敬长辈，再敬平辈，最后敬年少者。或者先敬长辈，然后按顺序敬酒。敬酒时，只能是多人敬一人，不能一人敬多人，这样会给人感觉不受尊重。多人称为共同举杯，不能称为敬酒。碰杯后，按照双方约定的该喝多少就喝多少，不要抢着喝，也不要爽约不喝或者借口倒掉。敬酒更不能强人所难，否则就不是敬酒行为了。

到对方面前敬酒

向长辈或客人敬酒，不能坐着，尤其不能隔着桌子敬酒，这是不郑重的行为。一定要站起身并走到尊长面前行礼，并说祝酒词后敬酒。敬酒时，用右手端着酒杯，左手托住杯底，要有恭敬之态。同时，客人也应起身或俯身，以手扶杯或欲扶状，以示恭敬。此外，向长辈敬酒碰杯时，自己的酒杯高度要低于尊长的酒杯，这是对尊长的尊重。碰过酒杯之后，不能与尊长面对面地干杯，这是平辈之间的礼节。应该微微侧转身体，表示不敢与尊长抗礼，然后再饮酒。

尊长敬酒应恭立

尊长向自己敬酒时，一定要恭敬地站起来，并双手举杯感谢。如坐着不动，或者单手随意与尊长碰杯，都是失礼的表现。《礼记·曲礼上》说，陪伴长者喝酒，看见长者将酒递过来时，就赶快起立，快步走到尊长面前礼拜而后接受。长者说不要客气，然后少者再回到自己的席位上喝酒。

尊长敬酒应恭立

开席三杯酒

在酒席开始时，主宾会同端三杯酒相贺，并且很多地方都有头三杯全部喝完的礼俗。这是什么讲究呢？这是古代食祭的延续，也是传统礼仪的高度体现。《尚书·酒诰》上说，只有祭祀时才能饮酒。《朱子语类》上又说："古人每食必祭，祭先火先炊，不忘本也。"又说："古人祭食于案，祭酒于地。"就是说，每饮食之前，必从盘碗中拨出菜品少许，放在案上，以报答发明火种和饮食的先人，这就是"祭"。吃食要在餐桌上祭，饮酒要在地上祭，先吃什么就先用什么行祭。后世在食祭仪式时有所简略和变化，常常以酒祭（同饮三杯）为代表，以示不忘根本。第一杯酒礼敬上天，感谢上天好生庇护之德。第二杯酒礼敬大地，感谢大地滋养万物之恩。第三杯酒礼敬先贤，感恩先贤的发明创造之功。三杯酒之后，主宾之间就可开始互相敬酒，互相感恩与交流了。而祭酒是最吉祥的，一般情况下尽量喝完。三杯后，可以根据自己的酒量随意饮酒，但以不醉为度。

李清照酒后失礼

酒后失礼并不是男人的"专利"。宋代才女、著名女词人李清照，平日就喜欢饮酒作诗。一日她饮酒过量，独自驾着小船游玩，误闯入一片莲花深处，结果满池的荷花被她撞得七零八落，满目狼藉。正在她迷迷糊糊、心如火燎，思量着怎样才能划出这荷塘时，忽然听见呼啦啦一片响声，原来是河滩上的一群水鸟被她惊飞而起。这惊飞的水鸟，吓得她出了一身冷汗，也使得她头脑清醒许多，寻到了出路并安全回家。酒醒后，她深感失礼，忙向荷塘主人赔礼道歉，并写下了流传千古的《如梦令》："常记溪亭日暮，沉醉不知归路。兴尽晚回舟，误入藕花深处。争渡，争渡，惊起一滩鸥鹭。"

开车者不饮酒

几个朋友出去喝酒，喝完酒分手后，有人开车出交通事故了。这种事在我们生活中经常发生。有很多司机抱着侥幸心理，尤其是在节假日，觉得交警可能不会上路检查。其实，不管交警是否检查，作为驾驶员必须做到“酒后不开车，开车不喝酒”。酒驾，不仅是不道德，严重违背礼仪的行为，还违反法律。“人而不仁如礼何？”作为司机，一定要对自己及他人的生命怀有恭敬之心，时时想到自己的行为可能给他人带来身体甚至生命的危害。同时，一块儿喝酒的朋友也要知道，开车不劝酒，喝酒不开车，或者喝酒后帮他找代驾送回，这都是对他人生命的敬重。

饮酒者要有酒德

《童蒙须知》中说：“凡饮酒，不可令至醉。”意思是饮酒之时，不可喝醉。饮酒者要有德行，不能因酒忘形，更不能酗酒、喝醉。特别是醉酒后胡言乱语、“撒酒疯”、打闹者最无德，是对其他人的大不敬，是严重违背礼仪的。所以，古人饮酒讲究“不过三爵”，也就是在宴席上饮酒时不能超过三大杯，如果超过三大杯，那么酒量浅的人就会失态，造成失礼行为。所以《弟子规》上又说：“年方少，勿饮酒；饮酒醉，最为丑。”

敬茶礼

清洁恭敬

敬茶礼

中国茶文化博大精深，源远流长，早在三千多年前的周朝，茶已被奉为礼品与贡品。到了两晋南北朝时，客来敬茶已经成为人际交往的礼俗。因此，人们对茶无不体现敬重之意，而日常社交和生活中的相关敬茶礼仪，也反映了一个人的基本素质与修养。

环境要幽静

“竹下忘言对紫茶，全胜羽客醉流霞。尘心洗尽兴难尽，一树蝉声片影斜。”茶道是文化，是高雅之事。所以，在饮茶环境选择时，一定要幽静、整洁、优雅、舒服。切忌环境嘈杂脏乱之所，这是违背礼仪的。而饮茶之人，着装也应素雅舒适、大方得体：不要袒胸露背，不要奇装异服，不要浓妆艳抹，不要高声喧哗，不要抽烟；仪容要整洁，手要洁净，言行要文雅，要符合礼仪，这样才与整体环境相符，才能让自己的心静下来，才能体会饮茶及茶文化的妙趣。

茶满欺客

民间礼俗有“酒满敬人，茶满欺人”的说法，意思是说茶斟七分满，斟十分满是欺负人；酒斟十分满是敬人。这是为什么呢？这是因为茶是淡雅婉约的，要留得三分人情在；酒是热情张扬的，要有满腔热血的沸腾。并且，这种“七分满”的浅茶，也是为了尊敬客人。因为茶是热的、烫的，如果满杯热茶，敬茶端茶时，容易洒到身上，甚至烫着客人，有时还会因被烫而导致茶杯落地打碎，破坏了优雅清静的环境。

忌用手取茶叶

茶道讲究的是清洁、恭敬、优雅。在为客人泡茶时，如果用手直接抓取茶叶，这是违背传统礼仪的。从卫生角度来讲，虽然茶叶经过开水的浸泡，但是同样会影响客人的心情；从待客角度来讲，这样做太随意了，是不恭敬的行为。并且，饮茶也是一种文化，是一件很精致优雅的事情，这样做会让饮茶失去文化韵味，失去品茗的优美意境。因此，为客人沏茶时，应使用专门的茶夹或竹木勺，轻轻取茶，慢慢地放入茶器浸泡。忌用手直接抓取茶叶。而掉落的茶叶，也不能再放进茶壶或茶杯中。此外，茶具一定要完整洁净，这是基本的礼仪。

奉茶要恭敬

给客人敬茶时，要双手奉上，特别是给尊长敬茶。奉上茶后要说“请用茶”，并将茶杯放置到客人的右手处，将茶杯的把手转向客人。不要用单手递茶杯，这是不恭敬的行为。如果按座位次序入座的，就按入座顺序敬茶，先敬宾客，后敬家人，再给自己斟茶。如果客人入座时没有按次序，就先敬尊长或主宾，再敬其他宾客及家人。无论何种顺序，都是最后给自己斟茶。这是谦让的表现，也是敬茶的基本礼仪。同时，主人敬茶时，客人要微微欠身，双手接过茶托，并对主人或敬茶者说“谢谢”，不可安如泰山般受之无愧。如果是长者敬茶，客人还要恭敬地站起来接受并还礼致谢。

新茶待新客

当我们正与客人一边聊天，一边喝茶时，忽有新客来访。这时，我们不仅要立即起身表示欢迎，还要立即给客人沏新茶。否则就会有怠慢新客之嫌。新茶泡好后，要先给新客敬茶。此外，当茶叶反复浸泡几次，茶水由浓郁变得无色无味时，即“无茶色”时，也要及时更换茶叶，再重新沏茶敬茶。用“无茶色”的茶水招待客人，或客人空杯而主人不续茶，会让客人觉得主人态度冷淡，有逐客之嫌，是违背礼仪的。

茶座有次序

中国是礼仪之邦，衣食住行都是很有讲究的。“坐，请坐，请上坐。茶，敬茶，敬香茶。”这是郑板桥有名的茶诗，深刻地反映了茶礼仪的美妙，包括入座的次序差别。饮茶与就餐环境虽然不同，但座次礼仪是基本相同的。入座时，请尊长坐上座，年幼者次之，主人坐下座。待宾时，主宾坐上座，副宾次之，主人再次之。饮茶时，由于客人要面对主人或泡茶者围桌而坐，且茶桌形状不一，所以入座时可能不像餐桌座次主次分明。此时，主人可以先敬宾客或尊长，然后顺时针旋转敬茶。无论茶桌什么形状，都应遵循先宾后主、先尊后幼的礼仪原则。

茶座有次序

泡茶有讲究

泡茶所用的水必须烧开，这样既干净卫生，又能让茶味更加醇厚香甜。用不开的水给客人泡茶，是有失礼仪的。用水杯泡茶时，要轻拿茶杯柄。没有柄的茶杯，手要轻握在水杯底部，不能把手指或手掌扣在杯口上，这是对客人不敬。茶壶和茶杯的盖子，要轻轻地向上摆放，不能直接扣在桌面上。用茶杯泡茶，可以分为两个步骤：首先将茶水冲到三分满，投入茶叶，待其舒展开后，再冲入七分满，慢慢浸泡。如果用公杯给客人分茶，要保持同一道茶或同质量的茶水，依次分给不同的客人，这是茶道的公平性。茶座虽有次序，但对每位客人的恭敬心是不分上下的，这是公杯的美妙之处。

尝茶

唐·刘禹锡

生怕芳丛鹰嘴芽，
老郎封寄谪仙家。
今宵更有湘江月，
照出霏霏满碗花。

要浅尝慢品

“半壁山房待明月，一盏清茗酬知音。”当好友嘉宾到来，沏一壶好茶，慢慢品茗，或谈古论今，或怡心抒情，这是多么快意的事情啊！所以，斟完茶，不论客人还是家人，大家边细聊边浅尝，要小口、慢品，悠悠茶香，浓浓情谊，回味无穷。切不可作“牛饮”状或“一口闷”，这样既不文雅，也不符合礼仪。当客人杯中茶水将尽时，要及时地为其续茶，不可使客人空杯。如有精致的小点心，可放在客人右上方，供其慢慢享用。看着晶莹的茶水，品着茶香，回味甘甜，心旷神怡，“欲把西湖比西子，从来佳茗似佳人”，真是妙不可言。

要及时告辞

在许多地方有“敬三道茶”的礼俗。第一道茶，客人略微品尝后即可放下。第二道茶，茶味充分散发，客人可以慢品细谈。等到主人为客人泡过第三道茶后，客人就应该起身告辞了。如果主人执意真诚地挽留，就可再继续坐下慢饮细品。否则，会耽误主人的其他安排，是违背礼仪的。另外，古代还有“端茶送客”的规矩。客人起身告辞时，主人要端起自己的茶杯以示欢送。后来，有的主人感到客人无趣或特别厌烦，又不好明说，就频频举杯作为示意下逐客令，家人看到马上会喊一声“送客”，客人就该知趣地离开了。所以，当主人不停地举杯，或者用“无色茶”、空杯茶待客时，就要懂得及时告辞了。

寿诞礼

福寿绵长

寿诞礼

在古代，生日称诞辰，老人的生日称寿诞。先秦以前，没有过生日和祝寿的风俗。《诗经·小雅》载：『哀哀父母，生我劬劳。』生日那天，要思念父母生养的艰辛，作哀戚状，是不能宴乐庆贺的。如《隋书·高祖记》中记载，隋文帝曾下诏：『六月十三日，是朕生日，宜令海内为武元皇帝、元明皇后断屠。』即杨坚在生日当天要求举国吃素，以追思双亲之劳苦。后世社会开始有做寿的习俗，但做寿的年龄有一定的规定，六十岁后才能『做寿』。按天干地支纪年，六十年一轮甲子，所以人到六十岁，又称花甲之年。所以传统习俗把六十岁作为正式祝寿的起点，民间有『不到花甲不庆寿』的说法。因此，古人又称六十岁为『下寿』，八十岁为『中寿』，一百岁为『上寿』。

送寿帖

现在给老人做寿，一般提前打电话通知各位亲朋好友。而在传统寿诞礼仪中，寿诞日的前三天要亲自派人送请帖给亲朋好友，诚邀宾客来参加寿星的寿礼。给老人做寿是一件非常庄重的事情。年长的长辈，一般是不向其送请帖的。传统礼俗规定，祝寿庆寿是晚辈为长辈做的事，而祝贺老人延年益寿，并向长辈敬送寿礼，是晚辈孝敬长辈的具体行为之一。

宾客送寿礼

宾客接到寿帖后，就会准备相应的寿礼。在传统的祝寿礼仪中，宾客赠送寿礼是重要的组成部分。寿礼可厚可薄，可多可少，但不可不送。因为送寿礼是祝愿寿星健康长寿的具体表达方式，既能增进老少几代人之间的感情，又能体现浓浓的亲情和中华民族敬老、爱老、孝老的传统美德。而寿桃、寿糕是必不可少的寿礼，还可以以寿烛、寿屏、寿幛、寿联、寿图等作为寿礼。送寿礼一般要在上午送。现代人也有以香茶、美酒、水果、服装、图书以及鲜花等作为寿礼。

暖寿礼

暖寿，即迎寿，是于寿诞前一天举行的贺寿礼仪，意为迎接寿辰的到来。按照传统礼俗，在寿日的前一天晚上，寿者的子女、儿媳、女婿、孙男孙女等晚辈，就要为做寿的老人正式举行“暖寿礼”了。届时，做寿者家人及其近亲、挚友团聚在堂屋里，点燃寿烛，设小宴，吃寿面，拉家常，为正式寿诞拉开序幕，并对正式祝寿事宜进行周密的安排和分工。需要注意的是，暖寿礼仪习俗只限于为 60 岁以上的老人祝寿，寓意为敬老孝道。为 60 岁以下的人过生日举行暖寿礼仪，就会被认为折寿。

寿联

古代文人送寿礼，多以寿联为佳。所以在寿联上，可谓词章工巧，构思奇特。乾隆八十大寿，在位五十五年，彭文勤送的祝寿联以“五”和“八”为对，可谓天衣无缝：

龙飞五十有五年，庆一时，五数合天，五数合地，五事修，五福备，五世同堂，五色斑斓辉彩服；鹤算八旬逢八月，祝万寿，八千为春，八千为秋，八元进，八恺登，八音从律，八方缥缈奏丹墀（chí）。

而清代扬州八怪之一的郑板桥，在他60岁生日时题写一副自寿联，亦称妙对：

常如作客，何问康宁。但使囊有余钱，瓮有余酿，釜有余粮。取数页赏心旧纸，放浪吟哦。兴要阔，皮要顽，五官灵动胜千官，过到六旬犹少；定欲成仙，空生烦恼。只令耳无俗声，眼无俗物，胸无俗事。将几枝随意新花，纵横穿插。睡得迟，起得早，一日清闲似两日，算来百岁已多。

此联中的舒适闲逸之态，犹如仙人风流，跃然纸上。

祭先祖神位

按照传统寿诞礼仪，在祝寿、庆寿之前，人们都要举行祭祀先祖神灵的仪式，即在先祖神位像前烧香点烛、跪拜祈祷，向先祖神灵做一通报，让先祖赐予自己更多的寿运福分，保佑自己健康、平安、长寿。同时也感谢先祖的生养之恩，不忘先祖之大德。

设置『寿堂』

传统的祝寿礼仪通常都是在做寿人自己家里举办。无疑，这就需要提前为老人布置寿堂。寿堂一定要设在自家的正屋大堂中，布置场景要庄重，气氛要喜庆。通常中堂悬挂大寿福、百寿图或一幅寿星像。四周墙壁悬挂“福如东海”“寿比南山”“福星高照”“长寿百岁”之类的寿联。中案上应供奉神像，如“南极仙翁”图，如果是为女寿星祝寿，就要在案前供奉一尊女寿神像，如“麻姑献寿图”等，神像前的香案上应设香炉、寿桃、寿面、水果供品等，香案上两侧要点燃红色寿烛。现代人多在酒店做寿，但“寿堂”场景及精神与传统祝寿礼仪基本相同。

寿宴有禁忌

“家有一老，如有一宝”，不管谁家为老人举办寿宴，都是为了祝福老人幸福吉祥，长命百岁。那么在举办寿宴的时候有哪些禁忌呢？按照中国传统礼俗，寿宴的开席时间最好选择在中午，忌选择在晚上举行。在寿宴上，宾客们讲话时应注意，不能有“病”“死”“老”“残”“丧”等不吉利的字眼出现，不要说让人不高兴的事情。要多说喜庆吉祥事，要多讲老人的顺心如意事，多逗寿星开心欢喜，让寿星欢畅地过寿。这些都是对寿星的尊重和敬爱。此外，很多地方礼俗认为，寿宴上忌喝米汤、黏粥。因为人们认为，喝了米汤和黏粥，会糊涂一年。寿宴上忌用豆腐做菜，因为豆腐里外都是白色的，多用于丧宴。

傻女婿拜寿

从前，有个傻女婿去给岳父拜寿。父亲怕他说话不吉利，便再三嘱咐说："今天你岳父六十大寿，你说话时，都要带个'寿'字，以示吉利。"傻女婿频频点头。傻女婿怕自己忘了父亲的教导，一路上不停地念叨："和岳父说话时，要带'寿'字，带'寿'字……"

到了岳父家，傻女婿恭敬地奉上礼物，对岳父说："今天岳父大寿，小婿送来一点寿礼。"岳父听后惊奇地想："女婿今天变聪明了？"于是，高兴地请女婿坐下来就餐。在饭桌上，傻女婿见了酒就称"寿酒"，见了桃就称"寿桃"，见了糕点就称"寿糕"。岳父正在开心之时，傻女婿突然看到一只蝇子飞到岳父头上，他一巴掌拍了过去，并得意地说："好你个'寿蝇'，竟敢落在'寿头'上，看我不打死你。"岳父被傻女婿冷不丁儿地拍了一掌，手中的碗顿时倾翻，饭菜撒了一身，真是哭笑不得。傻女婿却拿起一条毛巾替岳父擦拭，并惭愧地说："这么崭新的'寿衣'被我弄脏了，真可惜！岳父不要生气，改天我再给您买几件新'寿衣'送来啊！"岳父闻听此言，顿时气得晕倒在地。

念祝寿词

祝寿词主要和寿星的品格德行、生平经历有关。念祝寿词是庆祝寿诞不可或缺的程序。按照中国传统礼俗，在大家欢聚一堂准备为老人举办寿诞礼的当日早晨（现代寿诞上念祝寿词时间安排在寿宴开始前），寿星及其家属就要换上喜庆的礼服。然后，请寿星坐到寿堂的尊座，晚辈们则按照长幼辈分依次入座。然后，由寿星的长子点亮寿烛。接着，先请家族中的长辈或德高望重者，为寿星念祝寿词。长辈念完祝寿词后，再由寿星的长子念祝寿词，并感谢寿星的辛苦养育及教诲之恩等。

向寿星献酒

在尊长和寿星长子为寿星念完祝寿词后，接着由长子、长媳共同向寿星献酒。对于这杯酒，寿星本人是不能接过来直接喝掉的，而应恭敬地端着酒杯走到堂门前，向外先敬天，然后向内敬地，以感谢天地的滋养庇护之恩。然后回到座位上，再把寿酒一饮而尽。接着，由长子携长孙首先向寿星叩拜，说“祝您永远快乐健康，长命百年”等祝福语。然后，次子、次媳及晚辈们依次向寿星行叩拜礼，祝福寿星健康、长命、幸福、吉祥。

寿星还礼

中国传统礼仪，既讲究尊卑秩序，又讲究平等往来。作为晚辈的儿孙们，在向寿星行拜寿礼之后，寿星是否就可以泰然接受，没有任何表示呢？当然不是，中华礼仪贵在“礼尚往来”，寿星在受礼后，同样也要还礼的。否则，就会失礼。所以，作为长辈的寿星也要给儿孙们回礼。不过，寿星回的不是跪拜礼，通常情况下，寿星要提前给儿孙们准备红包作为回礼，有的则会用其他小礼物作为回礼，以表达寿星对晚辈们的祝福和感谢。

吃寿桃寿糕

中国传统社会在寿星还礼后，接下来的活动就是安排吃寿桃寿糕了。过去人们要专门为寿星蒸制寿桃寿糕等食品，在供过祖先及神灵后，就将寿桃寿糕分给亲朋们。当然，儿孙们要将第一块寿桃寿糕恭敬地献给寿星吃，其余的再根据尊卑长幼分送给宾客及子孙们吃。因祭祀之品是最吉祥的食物，而寿糕的“糕”与“高”谐音，表示德高望重，因此，能分到寿星的寿糕，意味着沾了寿星的福气和喜气，并得到了寿星的祝福。传说，三月初三是王母娘娘的诞辰，所以要开蟠桃会，并邀请各路神仙共享，吃一个仙桃，能长生不老呢！王母娘娘的故事，在《山海经》中就有记载。吃过寿桃寿糕后，接下来的活动就是开寿宴了。若不设寿宴，主家就不能发请帖邀请亲友来祝寿，更不应接受亲友们的寿礼，因为有要礼之嫌，是违背礼仪的。

做九不做十

古人有“做九不做十”的礼俗。本来60、70、80整岁寿辰之日，更应该庆贺纪念。可是，礼俗上偏要将其提前到59、69、79岁时办庆寿仪式，而到了整“十岁”寿日时则无所表示。这是为什么呢？古人认为，“十”有“到头”“顶点”“满”的意思。而中国人认为“十全为满，满则招损”，为人处世忌满，要留有余地。如果做了整“十岁”的寿诞，就等于把寿诞做满了，是不吉利的。所以，很多人经常会将整“十岁”的寿辰，提前到“九岁”时做，以示寿运永无尽头。此外，“十”是最高阴数，“九”是最高阳数，而人世间过的是“阳寿”。并且“九”在中国人心目中又是一个吉祥数字，“九”与“久”谐音，含有生命长久、天长地久等意义，这与做寿之人希望长寿的心理愿望是相符的。这些都是对寿星的真诚礼敬。

吃长寿面

在寿宴结束之际，要安排寿星吃长寿面。做寿吃面是为了讨个吉利的口彩，因为面条又细又长，而且能挑得高高地吃，寓意为“高寿”，寿诞日吃面条，取“长寿”之意，因此老人做寿时，一定要吃上一碗热气腾腾的长寿面。需要注意的是，寿面不能是凉面条，否则被视为不吉利。吃寿面也不能把寿面切断，因为这样会被认为是折损寿命。

吃长寿面

谦称礼

谦谦君子

谦称礼

温文尔雅，谦谦君子，这是形容一个人的修养和素质。那么，在称呼自己时，应该如何使用谦称，并介绍自己或自己的家人、亲戚呢？而恰如其分的谦称，不仅能体现说话者的礼仪修养，也能传达对对方的尊敬与热情，达到良好的人际交往目的。而出言不逊，大言不惭，则被视为无礼、轻浮，缺乏修养的行为，是不受别人欢迎的。那么谦称通常都有哪些呢？

对自己的谦称

称呼别人时要尊称，称呼自己时就要谦称了，这就是礼的精神。所以古代君主称自己为“孤”“寡人”等。这里的“孤”是说自己为小国之君，“寡”是说自己为孤陋寡闻。官吏的谦称有“下官”“小吏”等。读书人则谦称自己“小生”“晚生”“晚学”等，也有称自己“不才”的，是表示自己没有才能或德行平庸的意思。此外，谦称也因身份不同而有所不同。如社会交往时，说自己“在下”“鄙人”“愚兄”等，这里的“在下”是谦称自己人小位低，而对方为尊长；“鄙人”是谦称自己学识浅薄，尊对方才高学广；“愚兄”是谦称自己不聪明，对方是有智慧的。老人还要谦称为“老朽”“老拙”，老和尚也要自谦为“老衲”呢。所以，当别人问自己“尊姓大名”时，要说“不敢，在下某某”，千万不要说自己“贵姓某，大名某”，这就显得傲慢无礼了。

对配偶的谦称

古代社会男女分工，男主外，女主内，所以《常礼举要》上说，对别人介绍自己的妻子时，应谦称为“内人”“内子”或“贱内”“拙荆”。贱内之“贱”字，不是指妻子贫贱，而是说自己贫贱的意思。那么拙荆呢？“拙”是笨拙之意，“荆”是一种树木的名称，质料很普通，可以做成“钗”别头发用。富贵人家的媳妇，用的是金钗、银钗；普通人家的媳妇，用的是铜钗；只有穷人家的媳妇，才用“荆钗”。这些都是自谦的称呼。现代人向对方称呼自己的妻子时，喜欢用“爱人”或“老婆”，这种称谓不太妥当，因为爱人是情人的同义词，容易引起误解，与礼仪不合。而称呼“老婆”，对正式场合或初次相见的朋友，又太随意了，不郑重。此外，女子如何向对方介绍自己的丈夫呢？应谦称自己的丈夫为“外子”或“夫婿”。现代很多人喜欢称“老公”或“先生”，“老公”这个称呼太随意了，不郑重，并且“老公”在古代是太监的别称；而“先生”是尊称，不谦虚，是傲慢的行为。今人对别人介绍自己配偶时，也有用“丈夫”“妻子”作为谦称。

赠内

唐·白居易

漠漠暗苔新雨地，
微微凉露欲秋天。
莫对月明思往事，
损君颜色减君年。

对父母的谦称

对自己的父母要尊重礼敬。可是在向他人提及自己的父母时，就不能用敬称，而要用谦称了。所以《常礼举要》上说，称谓自己的父亲为“家父”“家严”，称自己的母亲为“家母”“家慈”。如果父母已经去世，对他人提起时就要称“先父”“先母”。称谓前加“先”，表示已去世，与在世父母也有明显的区别。

对其他亲属的谦称

向对方称呼自己的伯父为“家伯”，称伯母为“家伯母”，称自己的叔叔为“家叔”，称叔母为“家叔母”，称自己的哥哥为“家兄”，称自己的嫂子为“家嫂”，对比自己小的弟弟、妹妹，可分别称为“舍弟”“舍妹”，向人称自己的姑丈、姑母，分别为“家姑丈”“家姑母”，向人称呼自己的舅父、舅母分别为“家母舅”“家舅母”，向人称呼自己的岳父、岳母分别为“家岳”“家岳母”。

对儿女的谦称

对别人怎样称呼自己的儿女呢？《常礼举要》上说，对别人称呼自己儿子时，是用“犬子”代替，这是文人自谦的表现。也就是说不把自己的儿子与别人相提并论，并非真的是作践自己的孩子。称自己的女儿为“息女”“小女”。现在社会向别人称自己的儿子时，多称呼“小儿”，称自己的女儿为“小女”。

敬称礼

敬为礼本

与人交往，首先要称谓对方。称谓得体，双方首先会产生好感，下一步交往才有可能继续进行下去；称谓不得体，就有可能引起不愉快。对他人的称谓一定要尊敬，古人在称谓上要做到自谦而敬人，所以《礼记·曲礼上》说：『夫礼者，自卑而尊人。』意思是说，对自己或自己一方要谦卑；对对方则要尊敬。那么，中国传统称谓之礼，又有哪些讲究呢？

敬称对方长辈

传统礼仪要求尊称对方的父亲为“令尊”。“令”是敬辞，称辈分高、德行高的人为“尊”。尊称对方的母亲为“令堂”或“令萱”。“堂”，古时屋子前面突出的部分叫“堂”，为母亲的住所，所以称别人的母亲为“令堂”。“萱”即萱草，又叫忘忧草，母亲的代词，所以母亲住的屋子又叫萱堂。因此，又尊称对方的母亲为“令萱”。尊称对方的岳父为“令岳”，尊称对方的岳母为“令岳母”。尊称对方的祖父为“令祖公”，尊称对方的祖母为“令祖太夫人”。

敬称对方配偶

古代天子的妃子称“后”，诸侯的配偶称“夫人”，大夫的配偶称“孺人”，士的配偶称“妇人”，庶人的配偶称“妻”。《常礼举要》上说，对方的妻子称为“夫人”“尊夫人”“贤内助”“令正”“令妻”。对方的丈夫应称“尊府某先生”。如果对别人介绍自己的妻子为“夫人”，这就是自大的行为，是违背礼仪的。当然，如果丈夫私下称妻子为“夫人”“贤妻”等，是可以的，这是自己对妻子的敬称。

敬称对方晚辈

《常礼举要》上说，称呼对方的儿子为“令郎”“令子”“公子”“贵公子”，称对方的女儿为“令媛”“令爱”“女公子”等；称呼对方的孙子为“令孙”，称呼对方的孙女为“令孙女”或“令女孙”。在周代，天子分封的诸侯有公、侯、伯、子、男五等爵位，“公”是其中最高的一等。而诸侯嫡长子以外的儿子，通称为“公子”。所以后世，“公”和“公子”就成为大家普遍使用的尊称，如称杜甫为“杜公”、梁启超为“梁公”。当我们在重大的场合向大家介绍德高望重之人的儿女时，往往会说“这位是某某的公子”，这是非常庄敬的称谓。

敬称其他亲属

对方兄弟姐妹及其他亲人怎么尊称呢？《常礼举要》上说，尊称对方的兄弟为“令兄”“令弟”；尊称对方的姐妹为“令姊”“令妹”；尊称对方的女婿为“令婿”“令坦”；尊称对方的叔父为“令叔”；尊称对方的姑父为“令姑丈”，尊称对方的姑母为“令姑母”；尊称对方的舅父为“令母舅”，尊称对方的舅母为“令舅母”；尊称对方的亲友为“令亲”“贵友”。

敬称对方师长

如何称对方的老师、学生、领导及属下呢？《常礼举要》上说，对方老师应尊称为“令师”，对方的学生应敬称为“令高足”“令高徒”。称对方的上级，应在职务之前加个“贵”字，如称对方的部长为“贵部长”，称对方的厅长为“贵厅长”，称对方的局长为“贵局长”，称对方的经理为“贵经理”等；称对方的下属为“贵部下”或“贵属”。

其他敬语

除以上敬称外，在社交场合，经常会用到一些敬语，如问人姓氏要说“请问贵姓”，问人名字要说“请问大名”或“台甫”，问老人年龄时称“请问您老高寿”，问女士年龄时称“请问芳龄”，年龄相若时问“请问贵庚”。称人住处时要说“贵府”，回答别人自己住处时，就要说“寒舍”了，千万不能称自己住处是“贵府”，这样说就是傲慢了。

请人批评时要说“请指教”，请人原谅时要说“请包涵”。求人帮忙时要说“劳驾”，麻烦别人时要说“打扰”，托人办事时要说“拜托”。看望别人时要说“拜访”，初次见面时要说“久仰”，未及远迎时要说“失迎”，客人来到要说“光临”，无暇陪客时要说“失陪”，等候客人时要说“恭候”。别人的文章要称“大作”，自己的文章要称“拙作”“拙著”。读别人文章要说“拜读”，请人读自己文章要说“请垂阅”，请人修改自己的文章要说“请斧正”。如果称自己的文章“大作”、让别人“拜读”，就严重违背礼仪了。

跪拜礼

仪式庄严

跪拜礼

在古代，跪拜是一种常见的大礼。跪拜礼保留到了今天，只是人们不会轻易使用它。《周礼》把跪拜分为九种，合称『九拜』，即稽首、顿首、空首、振动、吉拜、凶拜、奇拜、褒拜和肃拜。古人行跪拜礼时都有哪些讲究？现代人是否还有必要学习这种礼仪呢？

稽首与顿首礼

稽首属于跪拜礼中最隆重的一种，通常用于祭祀天地、祭祀日月山川、祭拜先祖宗庙。后世丧葬之事、新婚夫妇拜天地、拜佛或拜神仙等，也多用此大礼。“稽首天中天，毫光耀大千。八风吹不动，端坐紫金莲。”苏东坡的这首诗中“稽首天中天”描绘的就是这种稽首礼。具体做法是：屈膝，先右膝跪地，然后左膝跪地，左手按右手拱手于地，然后额头轻轻伏在双手前边的地上，停留片刻后再抬起，站立时先起左足，次右足，即为稽首礼。

顿首即现在的磕头，又称叩首。比稽首礼稍微轻些，多用于子女拜父母、晚辈拜长辈、学生拜老师等。具体做法是：两手相拱，屈膝，先跪右足，次跪左足；然后俯首至地，轻轻触到地面后立即抬起；站立时先起左足，次右足，即为顿首礼。

空首与振动礼

空首，又称为拜手，是长辈对晚辈、尊者对卑者的回拜礼。“空”就是额头没有叩在地面，而是悬在空中。

行此礼时，身体先取跪姿，拱手，而头俯至于手与心口处平，此为空首。古人在行稽首、顿首礼时，一般要先行空首礼。

九拜中的振动是丧礼中最重的跪拜礼。行礼时，不仅要跪拜，拜稽颡，而且拜后还要顿足、跳跃而起，全身战栗不已，表示极度悲哀之情。

吉拜与凶拜礼

古人拜礼有吉凶之分，吉事为吉拜，凶事为凶拜。吉拜，指在行礼时先拜，再将额头触地。凶拜，指在行礼时与吉拜相反，先将额头触地，然后再拜。通常在子为父母、妇人为丈夫、父亲为长子居丧时，答拜吊唁宾客行此礼，表示极度的悲痛和感激。

此外，在作揖时手势也有“吉凶”之分，正确的手势是：男子行拜礼的基本手势是左手在上，右手在下，对右手或包或盖，这样的作揖手势是“吉拜”。反之，右手在上，左手在下，则为凶拜，一般用于吊丧。值得注意的是，女子的手势和男性是相反的。清代学者段玉裁在《说文解字注》中说，古代女子也行作揖礼，即“左手在内，右手在外，是谓尚右手。女拜如是，女之吉拜如是。丧拜反是”。

奇拜、褒拜与肃拜

奇拜之“奇”表示单数，在这里指拜一次的意思。褒拜指反复两次或以上的拜礼，褒拜适用于稽首、顿首、空首等各种拜礼。

肃拜，为古代女子及军人用的一种跪拜礼。肃拜有两种解释，《朱子语类》中说，何谓肃拜？曰：两膝齐跪，手至地而头不下为肃拜，女子多行此礼；段玉裁解释说，行礼时身体肃立，双手拱形抬至额际，再向下伸不碰到地，然后双手仍维持拱手形，同时低下头去，到手为止，是为肃拜，故又称“手拜”。将士因戴盔披甲，不便行使其他礼，所以在军中也行肃拜礼。肃拜礼，是九拜中礼节最轻的。

作揖礼

儒雅优美

作揖礼

『揖』，比拜礼轻，是古人站立时常用的礼节，用于平辈之间或宾主相见时的礼节，民间喜欢叫『作揖』，因作揖时拱手向外推出，所以又称拱手礼。从很多古装剧中我们经常可以看到古人见面时彼此作揖行礼的场景。《论语》中也记载：『君子无所争，必也射乎，揖让而升。』意思是说君子之间无所争，即便是在射箭比赛的时候，也会先揖让行礼，然后才升堂开始比赛。作揖时，平辈之间相见时，如果双方年龄相仿，举手至胸口，向外平推作揖施礼；如果对方年长，举手至口处作揖礼；如果对方年幼，举手至胸口，推手稍向下作揖。此外，在不同场合，揖又包括『对揖』和『遍揖』。

对揖

对揖，是主客双方相见时的礼节，彼此的身份相近，所以相对而揖。作揖时肃立，双手前后相叠，男子左手在前，女子右手在前，拇指相接，譬如抱鼓，高度与心齐平。然后缓缓弯腰，头低至手，停顿2~3秒后再恢复立容。

遍揖

当古人面对众人作揖时，不必对每人都作揖施礼，只需分别向左、中、右三个方向，各一揖，表示向所有客人都行了礼，谓之遍揖。遍揖，在今日社会中仍然存在，比如大型的文艺演出或专题演讲等活动，观众嘉宾众多，主持人或者演员没办法跟大家一一致意敬礼，于是很多人就采用“遍揖”的方式向观众行礼，大家会感到非常亲切。

特别提醒：行作揖礼时，男子左手在上，女子右手在上。反之，则为丧葬时才能用的凶礼。

鞠躬和执手礼

恭敬亲切

鞠躬和执手礼

鞠躬礼是中国人表达敬意的传统礼节，历代相沿不绝。它既适用于庄严肃穆或喜庆欢乐的仪式，又适用于普通的社交活动场合。握手礼是在现代社会一切交际场合最常使用、适应范围最广泛的见面致意礼节，但这种礼仪是从西方传过来的。在中华传统礼仪当中，有一种与握手相近的动作，即『执手』。

鞠躬礼

在中华传统礼仪当中，鞠躬礼通常分两种：一种是三鞠躬，适用于最高敬礼；另一种是一鞠躬，适用于一般场合。现如今的婚礼中，大多数新人对父母是行鞠躬礼的。另外开追悼会，向遗体告别行凶礼时，也是使用三鞠躬礼。鞠躬礼的正确方法是：鞠躬前，应脱帽和摘下围巾、手套，身体立正，双手自然下垂，放在大腿两侧，或者双手叠放在腹前，目光平视。鞠躬时，腰弯到什么程度合适，要看场合与对象而定。向尊长行礼，弯腰90°，最低弯腰45°，职业人士行礼时30°，越是恭敬，行礼越深。

执手礼

如果你参加过追悼会，你就会知道，吊唁者向遗体行礼后，瞻仰遗容，然后向遗属表示慰问，遗属则会与之执手，表示感谢。这实际上就是执手礼的一个遗存。“执手”一词最早见于《诗经·邶风·击鼓》。诗中说，丈夫要去打仗了，妻子“执子之手”，发誓要“与子偕老”，表达了一种终生不渝的爱情。这是一种情感流露时自然出现的肢体动作，还没有成为正式的礼节。到了魏晋时期，士人相见、分别之际，常行“执手”礼，“执手”成为一种正式而通行的礼节。

奉手礼

除执手外，古代还有一种称为“奉手”的动作，即捧握长者之手。《礼记·曲礼上》说，长辈为了表示亲切，要牵小孩儿的手，这时小孩儿应用双手去握长辈的手，以表示尊敬和亲密。这是不同辈分之间的礼节。如学校颁奖典礼上，老师给学生颁发奖状，学生上台时应伸出双手与颁奖者相握，以表示尊敬。如果单手与师长相握，是违背礼仪的。因为双方地位相当才单手相握。

书信礼

自谦敬人

书信礼

你有多久没有给朋友写过信了？赶快写封信给他个惊喜吧！在电子邮件铺天盖地的今天，他们一定十分高兴收到一封你亲笔写的信。

虽然现代人很少手写书信，但人与人之间的交往，还是需要一些沟通和交流，比如短信、邮件等，这其中也同样需要书信中的礼仪。中国传统礼仪中对书信的规范和要求依然没有过时。在与时俱进的同时，我们也有必要了解一下古人写信的礼仪。

敬称语

《礼记·少仪》说“言语之美，穆穆皇皇”，就是说，对人说话要尊敬、和气、谈吐文雅。除了上面我们讲的敬语谦语外，在书信表达时，还有其他敬语需要注意。在书信表达时，无论写给什么人，首先要采用合适的称谓。称谓对方时，更要采用敬称。古人在书信时敬称很多，以下几种比较常见。

君：君，原指天子或君王，后来转化为比较宽泛的敬称或尊称。如在中国古典诗词里，常常有带“君”字的诗句，如“君自故乡来”“君不见黄河之水天上来”“君生我未生，我生君已老”等，如称别人名字时，就在名字后边加“君”字以示尊称，如鲁迅在《记念刘和珍君》中的使用。

阁下：阁下是对对方的尊称。如白居易《与刘苏州书》中说：“阁下为仆税驾十五日，朝觞夕咏，颇极平生之欢。”近现代则多用于书信、公函或外交辞令中，如“尊敬的总理阁下”“尊敬的大使阁下”等。

公：公，最初是爵位名称，是公、侯、伯、子、男五等爵位中最高的。后世多用于对人的尊称，如称汉高祖刘邦为“沛公”，称关羽为“关公”。当今知识界对一些德高望重之人，仍在其姓后加“公”字，以示尊敬。

夫人：古代诸侯的配偶为“夫人”，明清时一二品官的配偶封“夫人”。近代用来尊称一般人的妻子，称对方配偶为“夫人”。如果称自己的配偶为“夫人”，则不合礼仪。

令：令是美好的意思，是敬称，用于称呼对方的亲属。如“令尊”是称呼对方的父亲，“令堂”是称呼对方的母亲，“令夫人”是称呼对方的妻子，“令郎”是称呼对方的儿子，“令爱”是称呼对方的女儿。

长干行

唐·崔颢

君家何处住，
妾住在横塘。
停船暂借问，
或恐是同乡。

贤： 贤是有道德、有才能的意思。多用于对平辈或晚辈的敬称，如“贤兄”“贤弟”“贤侄”等。这个称呼在现代生活中仍然使用。

表字： 古人行冠礼之后通常都要取字，即表字，或取雅号。名只有父母、长辈才能叫，所以《仪礼·士冠礼》中说：“冠而字之，敬其名也。”如李白，字太白，号青莲居士；白居易，字乐天，号香山居士。直呼其名被视为不礼貌的表现。现代人一般很少再取表字和雅号，但在文人圈中依然有之。所以看到别人有表字或雅号时，就不要称呼对方的名。

此外，书信中凡涉及与对方有关的事物，也宜用敬称或美称，如尊称对方的住宅，要称“府”“邸”等；尊称对方的文章，要称“大作”“华章”等；感谢对方的馈赠，要称“厚赐”“厚赠”等；如果感谢对方的宴请，则称“盛宴”“赐宴”等。

谦称语

对他人用敬称，对自己用谦称，这是中国人的传统礼仪。特别是书信，因是文字表达，所以更是普遍而严格。传统书信中，向对方称自己的文章、见解时，要说“拙笔”“拙著”“拙见”等；称谢别人来到自己家里为“大驾光临”“蓬荜生辉”。其中，“蓬筚”为“蓬门荜户”的简称，用蓬草、荆竹作门的草屋，是比喻自己为穷苦人家。

提称语

提称语位于称谓之后，是用来提高称谓的词语，即对收信人进行尊敬抬举的意思。提称语还有请收信人查阅此信的意思，如“赐鉴”等。使用提称语要与称谓匹配，并根据对方的身份来选用，不能乱用。日常书信中比较常用的提称语如下：

父母：膝下、膝前、尊前、慈鉴等，如曾国藩写给父亲的家书中“男国藩跪禀父亲大人膝下”，就是这种提称语的运用。人在幼年时，常依于父母膝旁，家书中用“膝下”，既表敬重，又表示出对父母的深深眷依之情。

师长：赐鉴、尊鉴、道鉴、垂鉴、道席、坛席、撰席、座右等。赐鉴、尊鉴、道鉴、垂鉴，多用于下对上、致年高德劭者的信中，如蔡元培致孙中山的书信中提称语：“中山先生赐鉴”。而道席、坛席、撰席、座右多用于学生对老师的书信中，如毛泽东致老师符澄宇的信中提称语“澄宇先生夫人道席”、俞平伯致老师胡适的书信提称语“适之先生座右”。

平辈：足下、阁下、台鉴、大鉴等，如曾国藩致诸弟信中的提称语“澄侯、温甫、子植、季洪四位老弟足下”，周恩来写给马歇尔书信中的提称语“马歇尔将军阁下”。

同学：砚右、文几、台鉴。再如张伯驹给宋振庭的信中“宋先生振庭足下台鉴”。“台”有“高”义，请对方审察、裁夺，对熟识或不熟识的平辈，包括同学、朋友、兄弟皆可使用，语气非常恭敬。如女性之间书信往来，可用芳鉴、慧鉴、淑览等提称语。

晚辈：如晤、如面、如握、青览等，如钱宾四先生对学生叶龙信中的提称语“叶龙老弟如晤”“叶龙吾弟如面”等。

思慕语

书信的功能之一是沟通彼此的情感，因此，提称语之后一般不直接进入正文，在正文开始前要加上思慕语，即用简练的文句表达对收信人的思念或者仰慕之情。思慕语中使用较多的，是从时令、气候、回忆上次见面时间、仰慕之情、问候近况等切入来倾吐思念之情。由于有了意境的描述，读后令人倍感亲切。比较常用的如：春寒料峭，善自珍重；秋色怡人，望养志和神；近闻贵地大风暴雨，家居安否，甚念；别来良久，甚以为怀；久慕英才，拜谒如渴；闻君欠安，甚为悬念；等等。

祝愿语

好友们相遇又即将分别之际，往往依依不舍并彼此互道珍重，希望对方幸福、平安、吉祥。这一礼节表现在书信中，就是祝愿语。所以，书信的正文结束后，不能直接落款，而要先写祝愿语。因辈分、性别、职业的差别，祝愿词也有很大的区别，比较常用的有：

对父母：叩请金安；敬叩万福；恭请福安。**对长辈：**敬请福祉；恭请崇安；敬颂颐安。
对师长：敬请教安；恭请教祺；敬颂诲安。**对平辈：**顺问近安；恭祝吉祥；敬祝春祺。
对同学：顺颂台安；即颂文祺；恭候刻安。**对女性：**恭请懿安；敬颂绣安；顺祝玉安。

信封用语

书写信封，也是有讲究的，一定要体现出自谦而敬人的原则。除了以上的称谓外，还要在收信人姓名、称谓之后，加上“俯启”“赐启”等敬语，比较常用的如下：

对长辈： 俯收、赐启、道启。

对平辈： 台启、大启。

晚辈对尊长、学生给老师写信，一般可以写“俯收”“赐启”等。“俯收”表示对方高大，自己卑微，对方需要屈尊、俯下身来接收自己的来信。“赐”是尊上对卑下的动作，表示请对方赏光、恩赐启开信封。“台”“大”亦是自谦而尊人的敬语。但如果在信封上书写“敬启”，则有自大傲慢之嫌，怎么能让对方恭敬地开启信封呢？特别是晚辈对尊长写信时的口气，就严重违背礼仪了。

启禀语

启禀语即书信的落款语或署名。传统书信在落款上也比较讲究，除长辈对晚辈、老师对学生可以直书其名之外，一般需要在自己的名字之前注明身份。此外，还要根据彼此关系缀上“启禀词”，如：

对长辈： 敬叩、跪禀、拜上，如曾国藩写给父母及祖父母的信结尾“谨此跪禀万福金安”“跪叩祖父母大人万福金安”。

对平辈： 谨启、手书、手草，如曾国藩写给诸弟的信结尾“兄国藩手书”。

对晚辈： 字、谕、手示，如曾国藩写给儿子纪泽的信结尾“涤生字”。

注： 这里的“叩”即为叩首、磕头，这是日常礼仪书面化的表现。虽然今人很少磕头，但在书信中仍表达这种敬意。师长对晚辈，可用“某某字”“某某谕”“某某手示”表示。

电话礼

互敬互通

电话礼

在人际交往中，电话已经成为人们情感和信息沟通的桥梁之一，如交友聊天、谈工作等，电话在给人们带来便捷的同时，随之也带来不少烦恼。你是否遇到过这样的情况，当你深夜正沉浸在甜美的睡梦中时，突然电话铃响了；当你正忙得不可开交时，总有电话来打扰，让你不胜其烦。其实，打电话大有讲究。运用得体，它会使沟通顺利，带来成功；运用不得体，它又会成为人们交往中的绊脚石。那么，打电话都有哪些值得我们学习的礼仪呢？

打电话先问好

日常见到尊长好友时要问好，打电话时，也同样要用礼貌用语。如电话接通后，首先要说问候语“您好”，然后报清自己的姓名。很多人打电话时，认为是熟人，既不问好，也不自报姓名，还让对方“猜猜看”，甚至说：“我啊！你怎么连我的声音都听不出来啊？”《弟子规》上说：“人问谁，对以名；吾与我，不分明。”何况，电话里的声音和平日不同，如果不经常电话沟通，对方真的不知道是谁，会感觉莫名其妙。这种行为既是对别人的不尊敬，也是违背礼仪的。如果对方是尊长，还要采用合适的称呼敬称对方，并说“打扰您了”等礼貌用语。然后再简洁明了地说清目的和要求，避免东拉西扯，没有一句正题或正事，这是违背礼仪的。

选择合适时间

给人打电话时，特别是与尊长或贵宾通电话时，除了礼貌用语，还要把握合适的时间。早上8点前不打电话，下午6点后不打电话，如果与对方不是特别熟悉或急事，工作时间外尽量不打电话，午休时不打电话，就餐时不打电话。如果对方是在职人员，自己又是私事，工作时间尽量不打电话，商务宴请时不打电话。此外，私人电话最好在家里打，中午休息时打，工作电话在单位打，私人电话不在单位打，这些是基本的电话礼仪常识。

对方是否方便

给别人打通电话后，一定要问对方是否方便，如果对方正在开会、上课或接待重要客人等不方便时，要表示理解，应另约时间再通话，及时向对方说“再见”。否则，你不问对方是否方便接电话，就自顾自地讲话，就会给对方带来麻烦，这是对对方的不尊重。试想，如果对方正在办重要的事情，人家如何认真恭敬地对待你呢？这样于人于己都不方便。

姿势要恭敬

打电话过程中要怀有一颗恭敬心，不宜同时做其他事情，如吃零食、吸烟、喝酒、饮茶等。打电话时，你的精神状态，对方是能够感觉出来的。若坐姿或站姿端正，所发出的声音也会亲切悦耳，充满活力；若姿势懒散，如趴在桌子上打电话等，对方听你的声音就是懒散的，无精打采的。因此打电话时，即使对方看不见你，也要视对方就在眼前，要注意自己的姿势，这是自己内心是否真诚、是否恭敬的表现。

保持良好心情

好心情会使声音悦耳，好声音会让人精神愉悦。所以，打电话时我们要保持良好的心情，这样即使对方看不见你，但是也会被你欢快的语调感染，给对方留下极佳的印象，由于面部表情会影响声音的变化，所以即使在电话中，也要抱着“对方看着我”的心态去应对。

电话要及时接听

按照中国传统礼仪，不管是在家中还是在办公室，如果有电话打过来，都要及时接听，这是对别人的重视，也会给对方留下好印象，否则就会有失礼仪。一般来说，电话铃响不宜超过3声，6声后就应道歉：“对不起，让您久等了。”如果受话人不方便接听，代接人应妥为解释。如果不及时接电话，又不道歉，甚至有极不耐烦的语气，是对人的怠慢行为。

打电话语气要谦和

与人交往时要温文尔雅，说话谦和，打电话也是如此。电话是非常直观的一种沟通方式，也是一种非常便捷的沟通方式，所以打电话时，一定要注意语气是否温和谦虚，不要盛气凌人，不要大声呼喊，这是对对方的尊重，否则就会打扰周围的人。因为对方不仅能体会你谈话的内容，也能感受到你的语速和语气，能觉察你的修养，谁喜欢粗暴待人呢？所以，打电话时语气要谦和、恭敬、有礼貌，让对方产生想与你沟通的愿望。

代接电话要转告

代接电话时，也要使用敬称，这是对来电者及受话者的尊重。如果被找的人就在身旁，应告诉来电者“请稍候”，然后立即转交电话；倘若被找的人不在，应在接电话之初便相告，再表示自己可以“代为转告”。即使好意代为转告，也要注意方式，要征求来电者意愿，看人家愿意不愿意你代为转告，毕竟你不是当事人。而且，代接电话时无论事大事小，最好做个记录，并及时转告，这是起码的礼仪。

漏接电话及时回拨

漏接亲人、朋友、领导、同事等电话后要及时回拨，这是基本礼仪。很多人说，对方只要有急事，会再打过来的，这种态度是不对的。漏接电话而不及时回拨，说明自己对对方不上心，对来电者缺乏热情和敬重。当然，现代社会有很多陌生的骚扰电话、推销电话，应与此区别，另当别论。同时，别人打电话没有找到自己，在得知消息后一定要及时回拨给对方，向对方道歉并询问什么事情，是否还需要帮助，这是对人对事的恭敬之心。如果没有恭敬之心，怎么能称得上知礼呢？

会客时不要打电话

家中有客人时你与别人不停地接打电话，这是十分不礼貌的。客人就会有被冷落的感觉。这样做一方面会让对方认为你故作姿态，显示自己交际范围广、受人欢迎、事务繁忙，另一方面会让对方认为你不是真心相待，有被轻视的感觉，会让对方认为你用这种方式暗示“电话那头的人比你重要”。因此，会客时如果有重要的电话需要接打，应该礼貌地向客人说明。接打电话时，应简短扼要，而且应该请客人稍候并避开客人。

打错电话要道歉

亲爱的朋友，你是否发生过这样的事情：自己拨通电话后，话筒里却传来陌生人的电话，经过再三询问后才发现自己拨错了电话。可是自己却没有向对方说任何道歉的话，就急匆匆地挂掉电话。这样符合礼仪吗？回答当然是：否。正确的做法应该是真诚地向对方表示歉意，因自己的疏忽打扰别人了，请别人谅解并让对方先挂电话。同时，如果别人不小心拨错你的电话，也要宽容、温和地对对方，切不可抱怨、责怪对方，这也是礼仪。

挂电话有讲究

你和别人打电话结束时，知道应该谁先挂电话吗？按照礼仪，电话交谈结束时，应等尊长先挂电话后自己再挂，这是对尊长的敬重。或打电话的一方提出，请尊长先挂电话，然后彼此客气地道别，说一声“再见”，等对方先挂后自己再轻轻挂断。如果对方也在等你挂电话，不妨停留片刻之后再挂电话。千万不要自己说完话就挂电话，这是违背礼仪的。

名片礼

互敬互惠

名片礼

名片，古人称为名帖，又称名刺，在秦汉时人们就经常使用，清朝时正式称为『名片』。名片上集中显示了一个人的资料信息，是新朋友互相认识、自我介绍的有效方法，也是个人身份的代表。所以，在社交场合彼此初识时，一定要将自己的名片毕恭毕敬地呈递给对方，以示礼遇和尊重。那么，传统的名片礼仪常识都有哪些呢？

名片设计有讲究

按照中国传统惯例，通常是在名片正面的左上方，设计工作单位及职位，右下方印刷单位地址、联系电话、电子信箱等信息，中间用稍大的字体设计姓名、表字或雅号。如果经常与外国朋友交往，背面还应用英文书写。名片的纸张选择要素雅大方，设计排版要简洁整齐，字体不可潦草，印刷颜色不可杂乱或花里胡哨。名片如其人，能反映一个人的气质和修养。

交换名片顺序

与对方交换名片时，一般应遵循一定的次序，否则不仅贻笑大方，还会使在场的人产生疑惑和误解，影响人际交往。交换名片通常按“先低后高、先幼后长、先男后女、先客后主”的顺序。意思是说地位低者应先把名片递交给地位高的，年轻的应先把名片递交给年长者，男士应该先把名片递交给女士，客人应先把名片递交给主人。如果对方先把名片递出来，应大方地接受，不必谦让，然后拿出自己的名片回赠给对方。当与多人交换名片时，应依照身份、地位的高低顺序，或是按照时针顺序依次进行，切勿跳跃式进行，以免让他人产生厚此薄彼的误会。

如何接受名片

在接受别人的名片时，要用双手恭敬地接过来，并郑重热情地说：“谢谢！”恭敬地接过来后，要把名片上的内容认真仔细地看一遍，并点头以示敬仰对方。有看不清的地方或不认识的字，应及时请教对方。有时，可以重复一下对方的姓名和职务，以示尊敬和仰慕。不可面无表情地接受，这样对人是不重视甚至不尊敬的行为，是违背礼仪的。此外，如果陪同长辈或上司出访，对方发名片时，要等长辈或上司先接名片，不要抢了他们的风头，这既是对尊长的敬重，也是基本礼仪。

如何交换名片

如果想与对方交换名片，应主动递上自己的名片。一般情况下，对方会回换名片。有时对方可能忘记了回换，也可能对方不太懂交换名片时的礼仪。此时，可以委婉地提示对方，如想让尊长赐予名片，可以这样说："今后如何向您老请教？"如向平辈或晚辈换取名片，可以这样说："以后怎样与您联系？"切忌直接向对方说"给我张名片吧"，这样说会让人感觉修养不足，太随便了。

不无故拒发名片

如果他人换取自己的名片，而自己忘带名片或用完时，要真诚地说："对不起，我忘了带名片。"或者说："抱歉，我的名片用完了。"如方便，可以将自己的联系方式书写下来，恭敬地送给对方。切记，无故拒绝别人换取名片，是对人的不敬。如果对方地位比你低，对方会认为你看不起他；如果对方地位比你高，对方会认为你不尊敬他。当然，如果你感觉对方很无礼且无趣，不想和对方联系，也可以采取委婉的方式拒绝他。

如何递送名片

外出时要把名片放在容易拿出的地方，一般男士可以将名片放在衣服的内口袋或随身携带的公文包内，女士可以将名片置于手提包内。向他人递送名片时应起身站立，上身微微前倾，用双手的拇指和食指分别握住名片上端的两角，正面朝上，面带微笑，恭敬地送到对方面前，同时温和庄重地说"在下某某，这是我的名片，以后请多关照"或"请常联系"等。需要注意的是，递送名片时，名片的字迹应面向对方，便于对方阅读。此外，同时向多人递送名片时，应按照"由尊而卑、先长后幼"的顺序依次递送。